"一带一路"国家知识产权

哈萨克斯坦知识产权法

重庆知识产权保护协同创新中心
西南政法大学知识产权研究中心 ◎组织翻译

田晓玲　陈　岚　费悦华◎译

易健雄◎校

知识产权出版社
全国百佳图书出版单位
—北京—

图书在版编目（CIP）数据

哈萨克斯坦知识产权法/重庆知识产权保护协同创新中心，西南政法大学知识产权研究中心组织翻译；田晓玲，陈岚，费悦华译. —北京：知识产权出版社，2025.2. —（"一带一路"国家知识产权法译丛）. —ISBN 978-7-5130-9598-3

Ⅰ. D936.134

中国国家版本馆 CIP 数据核字第 2024YH7502 号

内容提要

本书收录了哈萨克斯坦的著作权及邻接权法，专利法，商品商标、服务商标、地理标志和原产地名称法的中文译本，详细介绍了哈萨克斯坦在知识产权保护方面的法律框架和实施细节。本书不仅可以帮助学者、法律从业者和企业管理者理解和掌握哈萨克斯坦知识产权保护的具体措施和政策，而且有助于他们研究和处理在哈萨克斯坦的法律事务和商业运营。本书可作为知识产权领域从业人员、高校法学院师生的工具书。

| 责任编辑：章鹿野　王玉茂 | 责任校对：谷　洋 |
| 封面设计：杨杨工作室·张　冀 | 责任印制：刘译文 |

哈萨克斯坦知识产权法

重庆知识产权保护协同创新中心
西南政法大学知识产权研究中心　组织翻译
田晓玲　陈　岚　费悦华　译
易健雄　校

出版发行：知识产权出版社有限责任公司	网　　址：http://www.ipph.cn
社　　址：北京市海淀区气象路 50 号院	邮　　编：100081
责编电话：010-82000860 转 8338	责编邮箱：zhluye@163.com
发行电话：010-82000860 转 8101/8102	发行传真：010-82000893/82005070/82000270
印　　刷：三河市国英印务有限公司	经　　销：新华书店、各大网上书店及相关专业书店
开　　本：720mm×1000mm　1/16	印　　张：8.25
版　　次：2025 年 2 月第 1 版	印　　次：2025 年 2 月第 1 次印刷
字　　数：142 千字	定　　价：70.00 元
ISBN 978-7-5130-9598-3	

出版权专有　侵权必究

如有印装质量问题，本社负责调换。

序　言

自我国于2013年提出"一带一路"倡议以来，我国已与多个国家和国际组织签署了200多份合作文件。"一带一路"倡议的核心理念已被纳入联合国、二十国集团、亚太经济合作组织、上海合作组织等诸多重要国际机制的成果文件中，成为凝聚国际合作共识、持续共同发展的重要思想。国际社会业已形成共建"一带一路"的良好氛围，我国也在基础设施互联互通、经贸领域投资合作、金融服务、人文交流等各项"一带一路"建设方面取得显著成效。国家也号召社会各界对加入"一带一路"建设的各个国家和国际组织的基本状况、风土人情、法律制度等多加介绍，以便相关人士更好地了解这些国家和国际组织，为相关投资、合作等提供参考。

基于此背景，重庆知识产权保护协同创新中心与西南政法大学知识产权研究中心（以下简称"两个中心"）响应国家号召，结合自身的专业特长，于2017年7月启动了"一带一路"国家知识产权法律的翻译计划。该计划拟分期分批译介"一带一路"国家的专利法、商标法、著作权法等各项知识产权法律制度，且不做"锦上添花"之举，只行"雪中送炭"之事，即根据与中国的经贸往来、人文交流的密切程度，优先译介尚未被翻译成中文出版的"一带一路"国家的知识产权法律制度，以填补国内此类译作的空白。确定翻译方向后，两个中心即选取了马来西亚、斯里兰卡、巴基斯坦、哈萨克斯坦、以色列、希腊、匈牙利、罗马尼亚、捷克、澳大利亚等十国的专利法、商标法、著作权法作为翻译对象。第一期的专利法、第二期的商标法、第三期的著作权法翻译工作已经完成，并先后于2018年10月、2021年7月、2023年7月各出版两辑。六辑译作出版后，得到了良好的社会评价，《中国知识产权

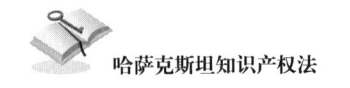

报》在 2022 年 1 月 14 日第 11 版和 2023 年 8 月 18 日第 11 版分别对该译作作了专题报道。

2018 年 10 月至今，十国知识产权法多有修订之处，同时为了方便读者集中查询一国专利、商标、著作权等知识产权法律规定，两个中心随即以前三期翻译工作为基础，启动了第四期以国别为单位的翻译工作，并确定由各国专利法、商标法、著作权法的原译者分别负责该国知识产权法律的译介工作，包括根据相关法律最新修订文本重新翻译、对该国的知识产权法律状况作一整体的勾勒与评价等。该项工作历经前期整理、初译、校对、审稿、最终统校等多道程序后，终于完成，以国别为单位分成十本图书出版，"国名＋知识产权法"即为书名。

众所周知，法条翻译并非易事。尽管译校者沥尽心血，力求在准确把握原意基础之上，以符合汉语表达习惯的方式表述出来，但囿于能力、时间等各方面因素，最终的译文恐仍难完全令人满意，错漏之处在所难免。在此恳请读者、专家批评指正。无论如何，必须向参与此次译丛工作的师生表示衷心的感谢。按国别对译者记录如下：牟萍（马来西亚），王广震（斯里兰卡），马海生（巴基斯坦），田晓玲、陈岚、费悦华（哈萨克斯坦），康添雄（以色列），廖志刚、廖灵运（希腊），秦洁、肖柏杨、刘天松、李宇航（匈牙利），郑重、陈嘉良、黄安娜（罗马尼亚），张惠彬、刘诗蕾（捷克），曹伟（澳大利亚）。此外，易健雄老师承担了此次翻译的主要组织工作，并为译稿作了最后的审校。最后，感谢知识产权出版社的大力支持，使译稿得以出版。

2024 年是共建"一带一路"奔向下一个金色十年的开局之年。唯愿这四期"一带一路"国家知识产权法律翻译工作能为"一带一路"的建设稍尽绵薄之力，在中国式现代化建设中实现两个中心的专业价值。

重庆知识产权保护协同创新中心
西南政法大学知识产权研究中心
2024 年 11 月 26 日

前　言

与世界上其他很多国家一样，哈萨克斯坦的法制体系经历了较长时间的建设并逐渐完善，其知识产权法的发展也反映了该国为融入全球经济作出的努力。

哈萨克斯坦在 1994 年完成民法典总则的编撰后，没有立即出台民法典分则，而是转向编撰知识产权的各单行法。哈萨克斯坦于 1996 年颁布了著作权及邻接权法，并于 1999 年颁布了民法典分则，动植物育种成果保护法，专利法，商品商标、服务商标、地理标志和原产地名称法；于 2001 年颁布集成电路布图设计保护法；于 2010 年 4 月颁布示范知识产权法典，对知识产权作出更加全面的规定。

随后，哈萨克斯坦继续更新其知识产权法，包括出台针对不同类型的知识产权（专利、商标、著作权）法律，以及建立政府机构监督知识产权的实施。哈萨克斯坦知识产权立法活动频繁，除了制定法律，哈萨克斯坦多年来持续批准有关知识产权标准和规则的政府条例，对知识产权法律制度进行修订。哈萨克斯坦在 20 多年里加入 10 多个知识产权领域的国际条约，批准加入 20 多项知识产权相关条约和其他区域性条约。对于批准加入的条约需要哈萨克斯坦国内的知识产权立法满足国际条约规定的标准，这就需要哈萨克斯坦按照国际条约标准进行立法活动。哈萨克斯坦在加入世界贸易组织之前设立和修订了超过 50 部知识产权领域的法律。高频率的立法活动一方面说明知识产权随着科技和经济的进步发展迅猛，另一方面说明哈萨克斯坦知识产权法律水平还有发展空间，需要通过立法活动提高知识产权法律制度水平，带动国内经济发展。

众所周知，知识产权是民法的一部分。这一领域的规则制定是一个持续的过程，哈萨克斯坦一直重视知识产权法的完善。在 1994 年完成民法典总则的编撰后没有立即出台民法典的分则，而是转向编撰知识产权法的各单行法，以对该国知识产权法体系建设进行较为细致的查漏补缺。哈萨克斯坦正在努力融入全球经济，使其知识产权法与国际规则接轨。这对哈萨克斯坦贸易关系、吸引外国投资以及营造有利于创新和创造的国内环境都很重要。

本书翻译了哈萨克斯坦的著作权及邻接权法，专利法，商品商标、服务商标、地理标志和原产地名称法。本书翻译版本以哈萨克斯坦知识产权局官方网站发布的法律文件为准，并参考了由世界知识产权组织官方网站发布的英文译本。本书译者中，田晓玲系西南政法大学知识产权学院副教授，法学博士，长期从事知识产权法学教育；陈岚毕业并就职于四川外国语学院，长期从事俄语和日语的翻译工作；费悦华系四川大学俄语语言文学专业的硕士生，曾任俄罗斯大剧院剧场翻译。在翻译过程中各位译者还就一些疑难问题请教了中国石油（哈萨克斯坦）阿克纠宾公司法律和股东事务部孙长龙先生，在此对孙长龙先生给译者提供的帮助表示衷心的感谢！译文中可能存在一些错误，敬请读者不吝批评指正！

译 者
2024 年 8 月 5 日

出版说明

重庆知识产权保护协同创新中心和西南政法大学知识产权研究中心于2017年组织开展了"一带一路"建设主要国家知识产权法律法规的翻译工作，形成了这套"'一带一路'国家知识产权法译丛"，凝聚了两个中心众多专家学者的智慧和心血。

本套丛书采用国家分类的编排方式，精选"一带一路"建设主要国家最新的知识产权法律法规进行翻译，包括著作权法、专利法、商标法等，旨在为中国企业、法律工作者、研究人员等提供权威、准确的法律参考，助力"一带一路"建设。然而，由于各国法律体系、文化背景、语言习惯上的差异，其知识产权法律法规的翻译工作也面临着诸多挑战，例如有些国家法律文件的序号不够连贯。有鉴于此，在本套丛书翻译和编辑出版过程中，对遇到的疑难问题、文化差异等，会进行必要的注释说明，帮助读者更好地理解原文。本套丛书翻译过程中始终坚持以下原则。

第一，以忠实原文为第一要义，力求准确传达原文含义，避免主观臆断和随意增减。在翻译过程中，各位译者参考了大量权威法律词典、专业文献和案例，确保术语准确、表述规范。

第二，充分尊重各国法律体系和文化背景的差异，在忠实原文的基础上，尽量保留原文的语言风格和表达方式。

第三，在保证准确性的前提下，力求译文通顺流畅、易于理解，方便读者阅读和使用。

真诚期待各位读者对本套丛书提出宝贵意见。

目　　录[*]

著作权及邻接权法

第1章　总　　则 …………………………………………………… 3
第2章　著作权 ……………………………………………………… 7
第3章　邻接权 …………………………………………………… 25
第4章　财产权的集体管理 ……………………………………… 32
第5章　著作权及邻接权的保护 ………………………………… 40

专利法

第1章　一般规定 ………………………………………………… 45
第2章　工业产权客体授予专利权的条件 ……………………… 49
第3章　发明人和专利权人 ……………………………………… 52
第4章　工业产权客体的专有使用权 …………………………… 54
第5章　获得保护证书的程序 …………………………………… 61
第6章　保护证书的终止和恢复 ………………………………… 72
第7章　发明人、申请人和专利权人的权利保护 ……………… 74
第8章　最后条款 ………………………………………………… 78

商品商标、服务商标、地理标志和原产地名称法

第1章　一般规定 ………………………………………………… 85
第2章　商标的法律保护和注册条件 …………………………… 88

---

[*] 此目录由本书收录的法律文件正文提取，序号遵从原文，仅便于读者查阅。——编辑注

· i ·

第 3 章　商标的审查 …………………………………… 93
第 4 章　商标的注册 …………………………………… 96
第 5 章　商标的使用 …………………………………… 99
第 6 章　商标注册的终止 ……………………………… 102
第 7 章　原产地名称的法律保护和注册条件 ………… 104
第 8 章　原产地名称的审查 …………………………… 107
第 9 章　地理标志和原产地名称使用权的注册和授予 ………… 109
第 10 章　地理标志和原产地名称的使用 …………… 111
第 11 章　地理标志和原产地名称法律保护的终止 ………… 112
第 12 章　商标权以及地理标志和原产地名称使用权的保护 ………… 113
第 13 章　最后条款 …………………………………… 118

著作权及邻接权法

著作权及邻接权法[*]

（哈萨克斯坦1996年6月10日第6号法律）

第1章 总 则^{**}

第1条 本法调整的范围

本法规定了知识产权领域因创作和使用科学、文学和艺术作品（著作权）以及舞台表演、录音制品、无线广播和有线广播组织传播（邻接权）而产生的各种关系。

第2条 本法使用的基本概念❶

在本法中使用的基本概念如下：

1）作者，指创作科学、文学和艺术作品的自然人。

2）著作权，指作者的财产权和人身权。

3）著作权和邻接权保护的技术措施，指能控制接触著作权作品或邻接权客体，阻止或限制被作者、邻接权人或其他著作权或邻接权独占权人禁止的行为的技术（软件技术）或其组成部分。

4）著作权和/或邻接权客体的盗版，指违反本法或由哈萨克斯坦批准的国际条约，制造、销售或以其他方式使用的作品复制件、录制的表演、录音制品、无线和有线广播组织的广播。未经著作权人许可，删除或变更著作权

---

* 本译文根据哈萨克斯坦共和国（以下简称"哈萨克斯坦"）规范性法案的信息法律系统［官方网站链接为：ИПС "әділет"（zan. kz）］2023年4月19日修订的哈萨克斯坦著作权及邻接权法俄语版本翻译。俄语是哈萨克斯坦的官方语言之一，而"АВТОРСКОЕ ПРАВО"直译为"作者的权利"，故译者将其翻译为"著作权"而非"版权"。——译者注

** 本书各法律文本的层级的序号排列均遵从原文，未作修改。——译者注

❶ 根据哈萨克斯坦下列法律予以修订：第179-Ⅳ号法律（2009年7月10日颁布，实施程序见哈萨克斯坦关于知识产权若干问题予以修订和增补的法案第2条）；第537-Ⅳ号法律（2012年1月12日颁布，自颁布之日起10日后实施）；第546-Ⅳ号法律（2012年1月18日颁布，自颁布之日起10日后实施）；第300-Ⅴ号法律（2015年4月7日颁布，自颁布之日起10日后实施）；第419-Ⅴ号法律（2015年11月24日颁布，自颁布之日起10日后实施）；第161-Ⅵ号法律（2018年6月20日颁布，自颁布之日起10日后实施）。

和/或邻接权客体复制件的权利管理信息，或非法使用设备规避著作权和/或邻接权的技术保护措施的，也应视为盗版。

5）著作权合同，指为了转让财产权而使用一项或多项著作权客体的合同；著作权合同是许可合同的一种。

6）非专有权，指除本法另有规定外，经作者许可，他人与权利人一起使用作品的权利。

7）专有权，指作者和/或其他所有人许可或禁止他人在规定期限内以任何方式使用作品和/或邻接权客体的财产权。

8）认证，指本法规定由集体管理组织授权机构进行认定的程序。

8-1）被哈萨克斯坦第419-V号法律（2015年11月24日颁布，2016年1月1日起实施）废除。

9）数据库，指对材料的选择和/或安排能体现创作活动的数据（文章、计算、事实等）集合，经系统化后能使用计算机查询和存储；数据库的概念不适用计算机程序，其能够以电子方式访问存储在数据库中的材料。

10）视听作品，指由一系列有关联的镜头或图像（有伴音或无伴音）组成的作品，通过使用适当的设备能被视觉和听觉（当有伴音时）感知。视听作品包括电影作品和所有用类似于摄制电影表现的作品（录像影片、幻灯片电影、幻灯片和其他类似作品），不论其最初和将来的固定形式。

11）视听作品制作者，指创作并对该作品承担责任的自然人或法人；除非另有证据，否则在作品上标明姓名或名称的人应被认定为制作者。

12）录制，指借助机器设备将声音和/或影像用任何方法以任何形式固定，使其能被重复感知、复制或传播。

13）信息网络传播，利用无线或有线方式传播著作权客体和/或邻接权客体，使公众能在个人选定的时间和地点访问（交互式）。

14）发行，指在作者或其他著作权人或邻接权人的同意下，向公众提供满足公众合理需要数量的作品、表演的录制品或录音制品。

14-1）互联网资源，指以文本、图形、视听或其他形式显示并置于硬件/软件系统上，具有唯一的网络地址和/或域名，运行在互联网上的电子信息资源。

15）通过有线方式向公众传播，指通过电缆、电线、光纤或类似的传输方式向公众传播作品、录音制品、表演、无线和有线广播组织广播的信息。

16）公开表演，指在非家庭成员出席或可能出席的地方，通过朗诵、演奏、舞蹈或任何其他方式，也可借助技术手段（就视听作品而言，用连续镜头展示，有伴音）表演作品。

17）公开展览，指在非家庭成员出席或可能出席的地方，直接或借助其他任何技术手段以幻灯片、电影镜头、电视镜头的形式，或以其他方式在屏幕上演示作品的原件或复制件（就视听作品而言，展示不连续的单独镜头）。

18）复制（印刷复制），指不以出版为目的，通过任何技术手段对作品进行的复制。复制不包括以电子（包括数码）、光学或其他可机读形式存储或复制所述复制件，但以技术手段制作用于复制的临时副本的情况除外。

19）复制，指以任何方式或任何形式，整体或部分，直接或间接制作一份或多份永久或临时的著作权或邻接权客体的复制件。复制的种类包括录音或录像、制作一份或多份二维或三维作品复制件、复制（印刷复制），以及以任何物质形式，永久或临时存储于公开信息网络中心的著作权或邻接权客体。

20）权利人，就著作权而言，指作者或其继承人，就邻接权而言，指表演者（其继承人）、录音制品制作者、无线和有线广播组织，以及根据合同或依本法规定取得使用作品和/或邻接权客体权利的其他自然人或法人。

21）权利管理信息，指识别作品、作品作者、表演者、表演者的表演、录音制品的制作者、录音制品、录音制品的任何权利所有者，或使用作品、表演或录音制品条件的信息。权利管理信息也指附在公开广播或发行的作品、录制的表演或录音制品上的数字和代码。

22）汇编作品，指作品和其他通过选择和/或安排呈现独创性活动的作品和其他材料的集合（百科全书、选集、数据库）。

23）表演，指通过现场演奏、唱歌、跳舞或通过技术设备（电视节目、广播、有线电视等）展示作品、录音制品、表演、舞台表演；展示连续的有伴音或无伴音的视听作品。

24）表演者，指演员、歌手、音乐人、舞者和任何其他表演、唱歌、朗诵、演讲、器乐表演或以其他方式表演文学和/或艺术作品（包括流行音乐、马戏或木偶戏）或民间文学的人及指挥。

25）使用者，指使用或组织使用著作权及邻接权客体的自然人或法人。

26）出租（租赁），指为获得直接或间接商业利润的目的而提供作品或录音制品的复制件以临时使用。

27）邻接权，指表演者、录音制品制作者、无线和有线广播组织的财产权以及表演者的人身权。

28）美术作品，指用于日常使用的二维或三维艺术品，包括手工作品或

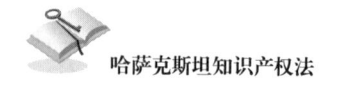

通过工业手段制成的作品。

29）戏剧制作人，指戏剧、马戏、木偶戏、流行音乐演出或其他演出（表演）的执行制作人。

30）翻译作品，指用与原作品不同的语种表达的作品。翻译时，译文须可信，且不歪曲原作的内容和风格。

31）作品复制件，指以任何形式制作的作品的复制件，包括存在于公开信息网络中的作品复制件。

32）发表作品，指经作者授权通过出版、公开展览、公开表演、信息网络传播或其他手段首次向公众公开作品。

33）作品的改编，指将原作品从一种体裁变为另一种体裁；在这种情况下，对作品改编的类型有重做、改编、加工。

34）演绎作品，指将原作品进行独创性的再创作而产生的新的作品。

35）授权机构，指由哈萨克斯坦政府确定并在著作权和邻接权领域行使国家监管的国家机构。

36）录音制品，指对表演或其他声音的录制，也包括以任何形式呈现的声音的录制，但纳入视听作品的除外。

37）录音制品的复制件，指录制在任何物质载体上的录音制品的复制件，包括在开放信息网络中直接或间接由录音制品制成的复制件，以及录制于录音制品中所有或部分声音的复制件。

38）录音制品的制作者，指首次将某一表演或其他声音进行录制并对录音制品承担责任的自然人或法人。

39）民间艺术作品，指具有传统艺术遗产元素（民间神话传说、民间故事、民间诗词、民间器乐、民间舞蹈、民间戏曲、民间传统仪式等）的艺术作品。

40）计算机程序，指为完成某种特定任务，由计算机执行的一组由文字、图表，或其他写在机器可读介质上的任何表达形式，具有信息处理能力的装置执行的代码化指令程序。

41）计算机程序的反编译，指一种包括将目标代码转换为源代码以研究计算机程序的结构和编码的技术。

42）计算机或数据库程序的调试，指在用户特定技术手段或在特定用户程序的监督下，仅为确保计算机或数据库程序的运行而对计算机或数据库程序进行的修改。

43）计算机程序或数据库的修改（改编），指计算机程序或数据库中任何非调试的更改。

44）广播，指通过收音机或电视（有线电视除外）传播作品、表演、录音制品，无线和有线广播组织的广播（包括展示或表演）；在通过卫星传送作品、表演、录音制品、无线和有线广播组织的广播时，广播指从地面站接收卫星信号和从卫星发送信号，通过该信号可以传送作品、表演、录音制品、无线和有线广播组织的广播，不论公众是否实际接收到这些信号；如果解密手段由无线广播组织或经其许可提供给公众，则传输加密信号仍是广播。

45）转播，指广播先前向公众广播的作品或邻接权客体。

45-1）无线和有线广播组织，指从事电视和无线电频道（包括作品、表演、录音制品）的无线和/或有线广播的自然人和法人。无线和有线广播是通过模拟无线广播和多频道广播（数字地面、卫星、有线电视和无线电广播）进行的。

46）无线和有线广播组织的广播，指无线和有线广播组织本身以及根据其指令由另一组织收取费用而进行的广播。

第3条　哈萨克斯坦关于著作权及邻接权的立法

哈萨克斯坦关于著作权和邻接权的立法包括民法典、本法和根据本法颁布的其他法律。

第4条　国际条约

如果哈萨克斯坦批准的国际条约的规定与本法规定不一致的，适用该国际条约的规定。

第2章　著作权

第5条　著作权的效力范围❶

1. 依照本法，著作权适用于：

1）在哈萨克斯坦境内出版或未出版并以任何形式留存于哈萨克斯坦境内的作品，不论作者和其受让人的国籍；

---

❶ 根据哈萨克斯坦第586号法律（2004年7月9日颁布，自颁布之日起10日后实施）予以修订。

2）在哈萨克斯坦境外出版或未出版并以任何形式留存于哈萨克斯坦境外的作品，应视为属于作者（哈萨克斯坦公民）和其受让人；

3）在哈萨克斯坦境外出版或未出版并以任何形式留存于哈萨克斯坦境外的作品，应属于作者（根据哈萨克斯坦批准的国际条约未获得哈萨克斯坦公民身份的外国人）和其受让人。

2. 若作品在哈萨克斯坦领土外首次出版之日起 30 日内在哈萨克斯坦领土内出版的，该作品应被视为在哈萨克斯坦领土内出版。

3. 作品在哈萨克斯坦境内根据国际条约受到保护的，应根据享有著作权的行为或情况发生地的国家法律确定作品的作者。

4. 根据哈萨克斯坦批准的国际条约，作品在来源国的著作权保护并未到期，作品未进入公有领域的，并且根据哈萨克斯坦著作权法关于著作权的期限规定，作品也未进入公有领域的，均应向该作品提供著作权保护。

第 6 条　著作权客体一般规定❶

1. 只要是由独创性活动而产生的科学、文学、艺术作品，不论其名称、内容和价值，以及表达方法和形式，均享有著作权。

2. 著作权应延伸至已经发表（出版、公开表演、公开展览）的作品，以及以某种客观形式存在的未发表作品：

1）书面形式（手稿、打印稿、笔记、乐谱等）；

2）口头形式（公开宣布、公开演奏）；

3）录音或录像（机械的、数字的、磁性的、光学的等）；

4）图像（图片、素描、绘画、平面图、图画、电影、电视、录像或照片等）；

5）立体形式（雕塑、模型、图案、结构等）；

6）其他形式。

3. 作品的一部分（包括作品名称和人物名称）具有本条第 1 款规定的性质并可独立使用的，可视为著作权客体。

4. 著作权不适用于思想、概念、原则、方法、制度、程序、发现、事实。

5. 作品著作权与载有作品的物的所有权无关。

---

❶ 根据哈萨克斯坦下列法律予以修订：第 586 号法律（2004 年 7 月 9 日颁布）；第 90 号法律（2005 年 11 月 22 日颁布，实施程序见哈萨克斯坦关于知识产权若干问题予以修订和增补的法案第 2 条）。

除本法规定的情况外，任何物的所有权的转让不视为表现在该物上的作品著作权的转让。

第7条 著作权保护的作品❶

1. 下列作品是著作权保护的客体：

1）文学作品；

2）戏剧和音乐剧作品；

3）舞台作品；

4）舞蹈作品、哑剧；

5）有歌词或无歌词的音乐作品；

6）视听作品；

7）绘画、雕塑、图形等美术作品；

8）应用艺术作品；

9）建筑、城镇规划、设计和园艺作品；

10）摄影作品和以类似摄影手段创作的作品；

11）与地理、地形和其他科学有关的地图、示意图、草图、插图和三维作品；

12）计算机程序；

13）其他作品。

2. 计算机程序的保护适用可以用任何语言和形式表达的所有类型的计算机程序（包括操作系统），包括源代码和目标代码。

3. 下列作品亦应视为著作权保护的客体：

1）演绎作品（对科学、文学、艺术作品的翻译、改编、注释、摘要、概括、评论、表演、音乐编排和其他处理）；

2）根据材料的分类和/或排列体现独创性活动结果的汇编（百科全书、文集、数据库）和其他汇编作品。

演绎作品、汇编作品，不论其所依据的作品或所包含的作品是否为著作权客体，均受著作权保护。

---

❶ 根据哈萨克斯坦下列法律予以修订：第586号法律（2004年7月9日颁布）；第90号法律（2005年11月22日颁布，实施程序见哈萨克斯坦关于知识产权若干问题予以修订和增补的法案第2条）；第300-V号法律（2015年4月7日颁布，自颁布之日起10日后实施）。

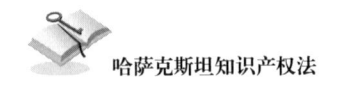

第 8 条　不受著作权保护的作品

下列内容不受著作权保护：

1）官方文件（法律，法院判决，其他立法、行政、司法和外交性质的文本）及其官方译文；

2）国家象征和标志（旗帜、徽章、装饰品、钞票及其他国家徽记和标志）；

3）民间艺术作品；

4）具有信息性质的事件和事实。

第 9 条　著作权的产生；作者推定[1]

1. 科学、文学、艺术作品的著作权，依创作而产生。著作权的产生和生效，无须办理作品登记或者履行特定的作品合法化的正式手续。

作者和/或权利所有人为表明其专有财产权，有权使用著作权保护标志，该标志置于每份作品复制件上，必须包括 3 个要素：

1）带圆圈的拉丁文字母"C"；

2）专有著作权人的姓名（名称）；

3）作品首次发表的年份。

作者为了证明对未发表作品的人身权，权利人为了证明对作品拥有专有财产权，在著作权保护期内或者相关合同有效期内的任何时候，有权在国家登记机关进行著作权保护客体的登记。登记由授权机构按照本法的规定办理。

1-1. 本法未规定的，根据哈萨克斯坦第 537-Ⅳ 号法律（2012 年 1 月 12 日颁布，自颁布之日起 10 日后实施）执行。

2. 除非另有证据，否则在作品原件或复制件上注明为作者的人应被视为该作品的作者。

作者身份的推定仅适用于作者本人。

3. 以匿名或笔名发表作品（除非作者的笔名使其身份毫无疑问），在没

---

[1] 根据哈萨克斯坦下列法律予以修订：第 586 号法律（2004 年 7 月 9 日颁布）；第 90 号法律（2005 年 11 月 22 日颁布，实施程序见哈萨克斯坦关于知识产权若干问题予以修订和增补的法案第 2 条）；第 537-Ⅳ 号法律（2012 年 1 月 12 日颁布，自颁布之日起 10 日后实施）；第 300-Ⅴ 号法律（2015 年 4 月 7 日颁布，自颁布之日起 10 日后实施）；第 161-Ⅵ 号法律（2018 年 6 月 20 日颁布，自颁布之日起 3 个月后实施）。

有相反证据的情况下,根据本法,出现在作品上的出版商被视为作者的代表,有权保护作者的权利并确保其实施。本规定在该作品作者披露和声称自己的作者身份之前适用。

4. 被哈萨克斯坦第161-Ⅵ号法律(2018年6月20日颁布,自颁布之日起3个月后实施)废除。

第9-1条 国家登记簿信息录入❶

1. 登记簿中的信息及其变更按照授权机构确定的方式或根据已生效的法院判决,在收到申请人申请之日起1个工作日内录入。

不改变其隶属关系、性质或内容的技术性错误可在收到申请人申请之日起1个工作日内在登记簿中予以修正。

2. 在将信息录入登记簿的申请中,应附上作品副本和确认缴费的文件副本,如有必要,还应附上确认减免缴费金额理由的文件副本。

申请书若不附作品副本,则附草图、图纸、图片或照片,计算机程序或数据库可附摘要,包括程序或数据库的名称,作者的姓氏、名字、父称(如果身份证明文件中已注明)、创作日期、应用领域、目的、功能、主要技术特征、编程语言、执行计算机的类型以及源代码(源文本)。

对于有宗教内容的作品,还需另外提交证明宗教方面鉴定评价肯定性结论的文件副本。

对于汇编作品或演绎作品,应另外提交作者与原作品的作者或著作权人签订的合同副本。

3. 若任何合作作者在其申请中注明,则可以合作作者身份将创作的作品著作权信息单独录入登记簿。

4. 登记簿不应包括针对用于(旨在)区分某些自然人或法人的商品(服务)与其他自然人或法人的类似商品(服务)的作品权利的信息。

5. 作者提交的文件不完整的,专家组织拒绝接受申请。

作者不遵守本条要求的,专家组织拒绝提供服务。

6. 证明有关信息录入登记簿的方式是以授权机构核准的形式授予证书。

7. 登记簿中的信息根据作者的申请以及法院生效的判决予以注销。

---

❶ 根据哈萨克斯坦第537-Ⅳ号法律(2012年1月12日颁布,自颁布之日起10日后实施)予以增补。根据第161-Ⅵ号法律(2018年6月20日颁布,自颁布之日起实施)、第128-Ⅶ号法律(2022年6月20日颁布,自颁布之日起60日后实施)予以修订。

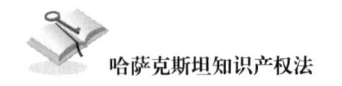

8. 除哈萨克斯坦法律规定的情况以外，经作者同意，向第三方提交文件副本、相关作品副本和/或其说明。

第 9-2 条　专家组织❶

1. 根据哈萨克斯坦政府决定成立的专家组织，其组织和法律形式为享有经济管理权的国有企业，其活动向授权机构负责：

1）在登记簿中录入和更改信息；

2）在其活动范围内与国家机关和其他组织合作；

3）维护登记簿并提供查询服务；

4）开展哈萨克斯坦法律未禁止的其他活动。

2. 在缴纳登记簿信息录入服务费用时，专家组织应为下列人员提供福利：

参战人员、与参战人员同等待遇的人员、在其他国家参加过军事行动的退伍军人；

因战争期间在后方无私劳动和服从兵役命令而获得勋章和奖章的人；

自 1941 年 6 月 22 日至 1945 年 5 月 9 日工作（服役）至少 6 个月，但未获得战争期间后方无私劳动和服从兵役命令奖章的人员；

残疾人，以及自幼残疾的父母一方；

坎达斯；*

未成年人。

提交了属于上述任一类人员的证明文件的，登记信息录入服务费补助 95%。

3. 专家组织与授权机构协商确定服务价格，须能全额支付专家组织的服务薪资，确保其活动支出和自身收入达到收支平衡。

第 10 条　合作作品❷

1. 由两人或多人共同创作的作品的著作权，由合作作者共同享有，无论

---

* 为哈萨克斯坦语音译，指从哈萨克斯坦国外移民到哈萨克斯坦的哈萨克族人。——译者注

❶ 根据哈萨克斯坦第 161-Ⅵ号法律（2018 年 6 月 20 日颁布，自颁布之日起 3 个月后实施）予以增补。根据哈萨克斯坦下列法律予以修订：第 323-Ⅵ号法律（2020 年 5 月 6 日颁布，自颁布之日起 10 日后实施）；第 327-Ⅵ号法律（2020 年 5 月 13 日颁布，自 2021 年 1 月 1 日实施）；第 129-Ⅶ号法律（2022 年 6 月 27 日颁布，自颁布之日起 10 日后实施）。

❷ 根据哈萨克斯坦第 586 号法律（2004 年 7 月 9 日颁布）予以修订。

作品是由一个不可分割的整体还是由每个具有独立意义的部分组成。

如果作品的一部分可以独立于该作品的其他部分使用，则该部分被认为具有独立意义。

除合作作者合同另有约定以外，合作作者均有权自行决定使用其创作的作品中具有独立意义的部分。

2. 作品整体使用权属于合作作者共同所有。合作作者之间的关系可由他们之间的合同约定。合作作者的作品构成一个整体的，任何合作作者都无权在没有充分理由的情况下禁止使用该作品。

3. 任何一个合作作者均有权代表自己，无须征得其他合作作者的许可，采取本法和其他法律规定的措施维护其权利，除非他们之间的合同另有约定。

第11条　汇编作品的著作权❶

1. 文集和其他汇编作品的作者（汇编者）对其因创作活动（编辑）而完成的材料的选择和/或编排拥有著作权。

汇编者在尊重作者权利的前提下，享有汇编作品的著作权。

除另有约定以外，被纳入汇编作品的作者无须考虑汇编作品，有权使用其作品。

汇编者的著作权不得妨碍他人独立选择和/或编排相同材料创作汇编作品。

2. 出版百科全书、百科全书参考书、定期和连续的科学论文集、报纸、期刊和其他的编者，享有整体使用该等作品的专有使用权。不论以任何方式使用该等作品，编者有标明或要求标明其姓名的权利。

该等期刊中包含的作品的作者保留使用其作品的专有权，不论出版物整体如何。

第12条　演绎作品的著作权❷

1. 译者和演绎作品的作者对翻译、改编、加工或者其他再创作享有著作权。

译者和其他演绎作品的作者在尊重被翻译、改编、加工或者其他再创作的前提下，对其创作的作品享有著作权。

---

❶❷ 根据哈萨克斯坦第586号法律（2004年7月9日颁布）予以修订。

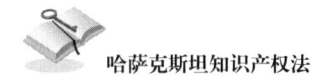

2. 译者和其他演绎作品作者的著作权,不得妨碍他人对同一作品的翻译和加工。

第13条 视听作品的著作权❶

1. 下列人员是视听作品的作者（合作作者）：

1) 剧本作者；

2) 专门为该视听作品创作的音乐作品（有歌词或无歌词）的作者（作曲家）；

3) 舞台导演；

4) 摄影者；

5) 艺术设计师；

经加工后纳入视听作品，成为其整体组成部分的先前创作作品的作者，应视为视听作品的共同作者。

2. 除本条第3款规定的情形以外，签订视听作品著作权合同（或者转让先前创作作品合同），应当由该作品的作者（或先前创作作品的作者和其他权利人）向视听作品的制作者转让使用该视听作品的专有权，但著作权合同另有约定的除外。

不论如何使用视听作品，其制作者都有权标明或要求标明其姓名或名称。

3. 为视听作品专门创作的音乐作品（有歌词或无歌词）的作者，有保留在该视听作品的每次公开演出、公开广播以及出租（租赁）该视听作品复制件时使用该音乐作品获得版税的权利。

4. 作为组成部分而包含在视听作品中的作品的作者（作为情节基础的小说作者等），以及在视听作品创作过程中创作作品的作者（摄影指导、艺术指导等），各自对其作品享有著作权。

第14条 职务作品的著作权❷

1. 在履行公职或完成雇主指派的任务过程中创作的作品（职务作品）的

---

❶ 根据哈萨克斯坦下列法律予以修订：第586号法律（2004年7月9日颁布，自颁布之日起10日后实施）；第90号法律（2005年11月22日颁布，实施程序见哈萨克斯坦关于知识产权若干问题予以修订和增补的法律第2条）。

❷ 根据哈萨克斯坦第179-Ⅳ号法律（2009年7月10日颁布，实施程序见哈萨克斯坦关于知识产权若干问题进行修订和增补的法案第2条）予以修订。

人身权，属于职务作品作者。

2. 除作者与雇主签订的合同另有约定以外，职务作品的财产权属于雇主。

3. 雇主在使用雇员职务作品时享有标明或要求标明其姓名于作品上的权利。

4. 被哈萨克斯坦第179 - Ⅳ号法律（2009年7月10日颁布）废除（实施程序见哈萨克斯坦关于知识产权若干问题予以修订和增补的法案第2条）。

5. 百科全书、百科全书参考书、定期和连续性的科学论文集、报纸、杂志和其他期刊的创作，不适用本条规定（见本法第11条第2款）。

第15条 人身权[1]

1. 关于作品，下列人身权属于作者：

1）被认定为作品作者的权利，包括通过在作品复制件上适当标明作者的姓名以及在适当情况下公开使用的署名（作者权）；

2）有权标明和要求标明虚构姓名（笔名）而非真实姓名，或拒绝署名，即匿名的权利（署名权）；

3）作品包括其名称不受侵犯的权利，反对任何对作品的歪曲、篡改或其他更改的权利，以及反对可能对作者的荣誉和名誉造成损害的任何其他侵权行为的权利（作者名誉保护权）；

4）除在履行公职或雇主任务过程中创作的作品以外，向不特定的人公开作品的权利（发表权）。

2. 在对用户造成的损害，包括利润损失进行赔偿的前提下，作者有权放弃其先前就发行所作的决定（撤回权）。作品已经发表的，作者有义务公开通知召回。对此，其有义务承担从流通领域撤回已制成的作品复制件的费用。

创作职务作品的，不适用本款规定。

3. 人身权属于作者，不论其财产权归属如何，在特许作品独占使用权的情况下保持不变。

4. 本条规定的人身权不可让与。

5. 作者死亡后的人身权，依照本法第30条规定的程序执行。

---

[1] 根据哈萨克斯坦下列法律予以修订：第586号法律（2004年7月9日颁布）；第537 - Ⅳ号法律（2012年1月12日颁布，自颁布之日起10日后实施）；第300 - Ⅴ号法律（2015年4月7日颁布，自颁布之日起10日后实施）。

第 16 条　财产权[1]

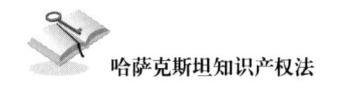

1. 作者或权利人享有以任何形式和手段使用作品的财产（专有）权。

2. 作者使用作品的专有权是指许可或禁止从事下列行为的权利：

1）复制作品（复制权）；

2）以任何方式发行作品的原件或复制件：出售、交换、出租（租赁）、进行其他经营，包括在公开的电信网络上（发行权）；

3）为发行目的进口作品的复制件，包括经作者或其他权利人同意制作的复制件（进口权）；

4）公开展览作品（公开展览权）；

5）公开表演作品（公开表演权）；

6）信息网络传播（向公众传播作品），包括无线和有线（公众传播权）；

7）广播作品，包括首次和/或随后的广播（广播权）；

8）通过有线方式传播作品，包括首次和/或随后向公众有线传播（有线广播权）；

9）翻译作品（翻译权）；

10）修改、加工或以其他方式改编作品（改编权）；

10-1）将作品公之于众（向公众公开作品的权利）；

11）其他不违反哈萨克斯坦法律的行为。

3. 合法出版的作品复制件通过销售流通的，后续的发行无须经作者同意，也无须支付版税。

无论作品载体的所有权如何，通过出租（租赁）方式发行作品原件或复制件的权利都属于下列作品的作者或权利人：

1）音乐作品（音乐文本）；

2）固定在录音制品中的作品；

3）视听作品；

4）数据库；

5）计算机程序。

---

[1] 根据哈萨克斯坦下列法律予以修订：第 586 号法律（2004 年 7 月 9 日颁布）；第 90 号法律（2005 年 11 月 22 日颁布，执行程序见第 2 条）；第 179-Ⅳ号法律（2009 年 7 月 10 日颁布）；第 537-Ⅳ号法律（2012 年 1 月 12 日颁布，自颁布之日起 10 日后实施）；第 419-Ⅴ号法律（2015 年 11 月 24 日颁布，自 2016 年 1 月 1 日起实施）。

著作权及邻接权法

4. 建筑、城镇规划和景观工程的专有使用权还应包括此类工程的实际施工。

5. 作者或者其他权利人有权就作品的各种使用获得版税，版税的金额和计算办法由作者与集体管理组织签订的合同确定。

6. 对本条第 2 款规定的财产权的限制，在不损害作品正常使用、不侵害作者和权利人合法权益的前提下，由本法第 18 条至第 26 条规定。

第 16-1 条　最低版税税率❶

在由于作品性质或其使用的特殊性（公开表演，包括广播和电视，通过机械、磁力复制或以其他方式录制、复制作品，用于个人目的的，无须经过作者同意）而无法在个人基础上实际行使财产（专有）权的情况下，授权机构应与文化、发展和支持私营企业领域的有关授权机构协商，确定最低版税税率。

财产权集体管理组织在与使用者签订合同时，不得将版税税率定在授权机构规定的最低版税税率之下。

第 17 条　美术作品的权利❷

1. 美术作品的作者有权向作品所有人要求其给予机会，行使复制其作品的权利（接触权）。对此，不能要求作品的所有者将作品交付给作者。

2. 首次转让美术作品所有权后，每一次公开（通过拍卖、美术画廊、艺术沙龙、商店等）的情况下转售美术作品原件的，作者或其继承人有权从出卖人处获得转售价格的 5% 的版税（追续权）。该权利作者终生不可转让，并在著作权有效期内根据法律或遗嘱只能转让给作者的继承人。

3. 将美术作品所有权由作者转让（有偿或无偿）给他人的，属于作品的首次转让。

---

❶ 根据哈萨克斯坦第 586 号法律（2004 年 7 月 9 日颁布）予以增补。根据哈萨克斯坦第 223-Ⅶ号法律（2023 年 4 月 19 日颁布，自颁布之日起 10 日后实施）。

❷ 根据哈萨克斯坦第 586 号法律（2004 年 7 月 9 日颁布）予以修订。

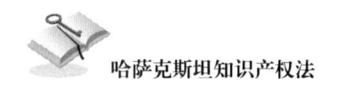

第 18 条　为个人目的复制作品无须作者或其他著作权人同意且不支付版税❶

1. 除本法第 26 条规定的情形以外，允许自然人未经作者或者权利人同意，不支付版税，仅供个人使用，不以牟利为目的复制合法出版的作品。

2. 本条第 1 款的规定不适用于：

1）参照建筑物的形式和类似建筑结构复制建筑作品；

2）复制数据库或其实质部分；

3）复制计算机程序，但本法第 24 条规定的情形除外；

4）复制（印刷复制）图书（全文）和音乐文本。

第 19 条　使用作品无须作者或权利人同意且不支付版税❷

1. 属于下列任一情形的，允许使用作品，无须作者或权利人同意，也无须支付版税，但必须注明该使用作品作者的姓名和引用来源：

1）为科学、研究、辩论、批评和信息目的，从合法出版的作品原文和译文中引用符合引用目的的作品，包括以评论形式摘录报纸和期刊的文章。

2）在具有教学性质的出版物、广播和电视节目、音频和视频中，无偿使用合法出版的作品及其摘录作为插图。

3）在报纸上复制，通过无线广播或有线广播中向公众传播在报纸或期刊上合法发表的，关于当前经济、政治、社会和宗教问题的文章或相同性质的广播的作品，只要该等复制、无线或有线广播未被作者明确禁止即可。

4）为信息传播目的，在报纸、无线或有线广播传播公开发表的政治演说、演讲、报告和其他类似作品。同时，作者享有保留在作品集上发表该类作品的权利。

---

❶ 标题根据哈萨克斯坦第 179 - Ⅳ号法律（2009 年 7 月 10 日颁布，实施程序见哈萨克斯坦关于知识产权若干问题予以修订和增补的法案第 2 条）予以修订。正文根据哈萨克斯坦下列法律予以修订：第 586 号法律（2004 年 7 月 9 日颁布）；第 90 号法律（2005 年 11 月 22 日颁布，实施程序见哈萨克斯坦关于知识产权若干问题予以修订和增补的法案第 2 条）；第 179 - Ⅳ号法律（2009 年 7 月 10 日颁布，实施程序见哈萨克斯坦关于知识产权若干问题予以修订和增补的法案第 2 条）。

❷ 标题根据哈萨克斯坦第 179 - Ⅳ号法律（2009 年 7 月 10 日颁布，实施程序见哈萨克斯坦关于知识产权若干问题予以修订和增补的法案第 2 条）予以修订。正文根据哈萨克斯坦下列法律予以修订：第 586 号法律（2004 年 7 月 9 日颁布）；第 179 - Ⅳ号法律（2004 年 7 月 10 日颁布，实施程序见哈萨克斯坦关于知识产权若干问题予以修订和增补的法案第 2 条）；第 300 - Ⅴ号法律（2015 年 4 月 7 日颁布，自颁布之日起 10 日后实施）；第 161 - Ⅵ号法律（2018 年 6 月 20 日颁布，自颁布之日起 10 日后实施）；第 128 - Ⅶ号法律（2022 年 6 月 20 日颁布，自颁布之日起 60 日后实施）。

5）在评论时事时通过摄影或拍摄方式，经由无线或有线广播，向公众复制或广播作品内容。同时，作者保留在作品集上发表该类作品的权利。

6）不以营利为目的，通过浮雕印刷或其他特定方式为视障人士复制合法出版的作品，但专门为复制目的创作的作品除外。

7）图书馆和档案馆为替换丢失或损坏的作品版本，不以营利为目的，将合法出版的作品转换为数字形式，收取适当合理的费用后向因任何原因丢失该作品的其他图书馆提供该作品的复制件。

8）教育机构无偿复制在文集、报纸和其他期刊上合法发表的单篇文章和小册子、其他合法出版的文字作品（带或不带插图）的节选，并向学生和教师提供必要数量的复制件用于考试、课堂教学和自学，不论其所有权形式。

第20条 通过复制使用作品❶

允许下列不以营利为目的复制单一复制件的行为，无须获得作者或其他权利人的许可，也无须支付版税，但必须标注被使用作品的作者以及引用来源：

1）图书馆和档案馆对其馆藏的合法出版的作品，以恢复、更换丢失或损坏的作品为目的，向因任何原因丢失该作品的其他图书馆提供复制件，费用由丢失该作品的图书馆自行承担；

2）由图书馆和档案馆应自然人的要求，为培训和研究目的，复制在文集、报纸和其他期刊上合法发表的单篇文章和小册子，合法发表的文字作品（带或不带插图）的简短摘录；

3）教育机构以教学为目的，复制在文集、报纸和其他期刊上合法发表的单篇文章和小册子，合法发表的文字作品（带或不带插图）的简短摘录。

第21条 免费使用永久坐落于公开场合并可自由接触的作品❷

未经作者或权利人同意，无须支付版税，允许复制、无线广播和/或有线

---

❶ 根据哈萨克斯坦下列法律予以修订：第586号法律（2004年7月9日颁布）；第320号法律（2007年7月27日颁布，实施程序见哈萨克斯坦关于知识产权若干问题予以修订和增补的法案第2条）。

❷ 根据哈萨克斯坦下列法律予以修订：第586号法律（2004年7月9日颁布）；第179-Ⅳ号法律（2009年7月10日颁布，实施程序见哈萨克斯坦关于知识产权若干问题予以修订和增补的法案第2条）。

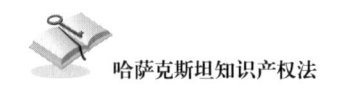

广播那些永久位于公开场合可免费访问，可自由接触的建筑作品、摄影作品、工艺美术作品，除非作品的主题形象是通过无线广播和/或有线广播用于商业目的。

第22条　在官方及其他仪式上公开表演作品❶

在官方和宗教仪式以及葬礼期间，在此类仪式性质允许的范围内公开表演合法出版的音乐作品，无须作者或其他权利人同意且无须支付版税。

第23条　为司法和行政目的复制作品❷

允许为司法和行政目的复制符合该目的的适当数量的作品，无须作者或其他权利所有人同意且无须支付版税。

第24条　免费复制计算机程序和数据库；计算机程序的反编译❸

1. 计算机程序或数据库的合法拥有人，无须作者或其他专有权人同意，且无须支付版税，有权以下列方式使用作品：

1）仅为操作目的，用户通过技术手段修改计算机程序或者数据库；采取符合计算机程序或数据库功能运行所需的任何操作，包括记录和存储在计算机存储器中（一台计算机或一个网络用户），以及纠正明显的错误，但与作者合同另有约定的除外。

2）制作或指示制作计算机程序或数据库的复制件，但该复制件仅指定用于存档，以及在计算机程序或数据库的原件丢失、销毁或无法使用时更换合法购买的复制件。对此，计算机程序或数据库的复制件不得用于不同于本款1）项所述目的，且当该计算机程序或数据库的复制件所有权不再合法后，必须销毁。

2. 计算机程序复制件的合法拥有人，有权在未经作者或其他专有权人同意且无须支付额外费用的情况下，复制目标代码并将其转换为源代码（反编译程序）或指示其他人执行这些操作，为实现由其独立开发的计算机程序和其他可以与反编译程序交互的程序的互操作性，但应符合下列条件：

1）该人无法通过其他资源获得实现互动可能性所需的信息；

2）仅针对重新编译的计算机程序中为实现交互可能性所需的部分采取所

---

❶❷❸ 根据哈萨克斯坦第586号法律（2004年7月9日颁布）予以修订。

述措施；

3）重新编译后获得的信息，只能用于实现自主开发的计算机程序与其他程序进行交互的可能性，不得转让给他人，但需要实现自主开发的计算机程序与其他程序进行交互的可能性情况除外，并且不得用于开发与重新编译后的计算机程序实质性相似的计算机程序，或者进行其他侵犯著作权的操作。

3. 本条规定的适用，不得对计算机或者数据库程序的正常使用造成不合理的损害，也不得侵犯作者或者其他计算机或者数据库程序专有权人的合法利益。

第25条 广播组织录制供短期使用的作品❶

广播组织有权不经作者或权利人同意，也无须支付版税，在满足下列条件下，使用本组织已获得广播权的供短期使用的作品：

1）广播组织利用自身设备为其自身的节目录制；

2）作者或权利人不同意更长的使用期限的，自录制之日起6个月内应销毁该录制件。录制件具有独特文献性质的，可不经作者或权利人同意而作为官方档案保存。

第26条 未经作者同意复制作品供个人使用但应支付版税❷

1. 允许不以营利为目的为个人使用复制视听作品或者录音制品，无须作品作者、表演者、视听作品制作者、录音制品制作者同意，但应支付版税。

2. 为复制目的而制造或进口设备和材料装置的人应支付本条第1款所述作品的版税。

该等设备和材料装置的清单应由授权机构批准。

3. 该版税的收取和分配由管理作者、录音制品制作者和表演者财产权的集体组织根据组织之间的合同执行（见本法第43条）。

4. 除合同另有规定以外，上述版税按下列比例分配：40%归作者，30%归表演者，30%归录音制品制作者。

---

❶ 根据哈萨克斯坦下列法律予以修订：第586号法律（2004年7月9日颁布）；第179-Ⅳ号法律（2009年7月10日颁布，实施程序见哈萨克斯坦关于知识产权若干问题予以修订和增补的法案第2条）。

❷ 根据哈萨克斯坦下列法律予以修订：第586号法律（2004年7月9日颁布）；第90号法律（2005年11月22日颁布，执行程序见第2条）；第239-Ⅴ号法律（2014年9月29日颁布，自颁布之日起10日后实施）。

5. 版税的金额和支付条件应由上述制片者和进口商作为一方，与管理作者、录音制品制作者和表演者财产权的集体组织作为另一方合同确定；双方未签订合同的，由哈萨克斯坦授权机构决定。

6. 本条第 2 款规定的相关设备和材料装置，若以出口为目的，以及不以家庭使用目的的专业设备，不应支付版税。

第 27 条　为个人使用出口的作品

自然人未经作品作者或者其他著作权人同意，无须支付版税，可以向国外出口专用于个人使用的作品，出口会损害国家利益的作品除外。

第 28 条　著作权的效力❶

1. 除本法另行规定以外，著作权在作者有生之年及死后 70 年内有效。

2. 作者的署名权、作者权和作者名誉权受到永久保护。

3. 被哈萨克斯坦第 179 - Ⅳ 号法律（2009 年 7 月 10 日颁布）废除（实施程序见哈萨克斯坦关于知识产权若干问题予以修订和增补的法案第 2 条）。

4. 匿名或者笔名发表的作品，其著作权自合法发表之日起 70 年内有效。其间，匿名或以笔名发表作品的作者披露其身份，或其身份已无疑问的，适用于本条第 1 款的规定。

5. 合作作品的著作权在合作作者生前和最后一位合作作者去世后 70 年内有效。

6. 作者死亡 30 年后首次发表的作品，其著作权自发表之日次年的 1 月 1 日起 70 年内有效。

7. 被迫害*的作者死后恢复名誉的，本条规定的权利保护期限从恢复名誉次年的 1 月 1 日起算。

---

*　哈萨克斯坦颁布大规模政治迫害平反法（于 1993 年 4 月 14 日生效，并在 2021 年 11 月 24 日修订），第 1 条规定了政治迫害的定义：该法认定哈萨克斯坦的国家机关及其政府官员出于政治原因采取剥夺他人生命或自由的强制措施，包括在精神病院拘留或强制治疗，驱逐出境和剥夺自由，将公民从居住地或居住区以流放或驱逐手段强制送往特殊定居点，从事限制自由的强迫劳动，以及对其犯罪的诬告，或以政治信仰、阶级、社会、民族、宗教或其他派别为由，采取或未采取司法程序定性其为具有社会危险性的人，从而剥夺或限制其公民的合法权利与自由，皆属于政治迫害。——译者注

❶　根据哈萨克斯坦下列法律予以修订：第 586 号法律（2004 年 7 月 9 日颁布）；第 90 号法律（2005 年 11 月 22 日颁布，执行程序见第 2 条）；第 179 - Ⅳ 号法律（2009 年 7 月 10 日颁布，执行程序见第 2 条）。

8. 本条规定的期限，从作为期限起算依据的法律事实发生之次年的 1 月 1 日开始计算。

9. 当根据哈萨克斯坦批准的国际条约对作品给予保护时，根据本法第 5 条第 4 款，著作权的期限不得超过来源国确定的期限。

本条规定的期限适用于作为期限起算依据的法律事实发生在不早于本法生效之日前 70 年的所有情况。

第 29 条 作品进入公有领域❶

1. 作品著作权期满，意味着作品进入公有领域。

2. 已废除。

3. 进入公有领域的作品，任何人都可以自由使用，无须支付版税。使用时，应尊重作者的署名权和保护作者名誉权。

4. 为促进作者的创作活动、改善物质生活条件，可以向已进入公有领域作品的作者或集体管理作者财产权的组织捐款。

第 30 条 著作权转让

1. 著作权应按照著作权合同和继承程序予以转让。

2. 著作权根据法律规定或者遗嘱按照继承程序予以转让。

3. 本法第 15 条规定的作者的人身权不得依继承程序转让。作者的继承人有权保护作者的人身权。继承人的上述权利不受时间限制。

4. 作者有权按照与指定遗嘱执行人相同的程序，指定他人保护其人身权。该人应终身履行其职权。若作者无类似指示，作者死后对其人身权的保护应由其继承人行使，没有继承人或其著作权终止的，由哈萨克斯坦授权机构提供保护。

第 31 条 财产权的转让；著作权合同❷

1. 本法第 16 条规定的作者的财产权可以全部或者部分转让，也可以根据著作权协议转让专有权或非排他性权利。

财产权的任何转让须由作者与受让人共同签订的书面合同予以确认。

2. 作者关于专有权转让的合同应仅允许受让人以特定方式和在合同规定

---

❶❷ 根据哈萨克斯坦第 586 号法律（2004 年 7 月 9 日颁布）予以修订。

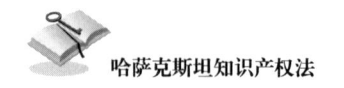

的范围内使用作品,并应允许受让人禁止他人使用作品。专有权受让人不行使对该权利保护的,作者可禁止他人使用该作品。

3. 非排他性权利的著作权转让合同,应允许使用者与转让该专有权的权利人和/或其他获得许可使用本作品的人以同样方式平等地使用该作品。

4. 除非合同另有规定,否则著作权合同转让的权利应被视为非排他性的。

第32条 著作权合同的条件和形式❶

1. 著作权合同应包括:

1)作品的使用方式(本合同转让的具体权利);

2)权利转让的期限和地域;

3)每种使用方式的版税金额和/或确定版税金额的程序;付款的程序和日期,以及双方认为重要的其他条款。

2. 著作权合同未约定转让期限的,自合同签订之日起满1年,可提前3个月书面通知使用者解除合同。

3. 著作权合同没有约定权利转让地域的,根据合同转让权利的有效性限于哈萨克斯坦境内。

4. 未经作者同意直接转让的作品使用权的,视为未转让。

5. 签署合同时未知的作品使用权,不受著作权合同的约束。

6. 版税应根据著作权合同,从作品相关使用所获得的利润中按百分比确定,因作品的性质或使用的特殊性无法按百分比确定的,应确定固定金额或以任何其他方式确定。

7. 只有在合同直接规定的情况下,著作权合同转让的权利才能全部或部分转让给其他人。

8. 除本法第14条、第33条规定的情形外,作者将来创作作品的使用权不属于著作权合同的内容。

9. 著作权合同中阻止作者今后在特定主题或者特定领域进行创作的条款无效。

10. 著作权合同中与本法规定相抵触的条款无效。

11. 著作权合同应以书面形式签署。杂志社使用作品的著作权合同可口头

---

❶ 标题根据哈萨克斯坦第300-Ⅴ号法律(2015年4月7日颁布,自颁布之日起10日后实施)予以修订。正文根据哈萨克斯坦下列法律予以修订:第586号法律(2004年7月9日颁布);第300-Ⅴ号法律(2015年4月7日颁布,自颁布之日起10日后实施)。

达成。

12. 在出售包括计算机程序和数据库在内的作品的电子复制件时，以及在向广大用户提供获取这些复制件的机会时，可适用哈萨克斯坦立法规定的其他形式的合同及其缔结程序。

13. 未履行或未适当履行著作权合同项下承担义务的一方，有责任赔偿给另一方造成的损害，包括利润的损失。

第33条　订单作品的著作权合同❶

1. 根据订单作品的著作权合同，作者应承诺按照合同条款创作作品，并将作品交付给客户。

订单作品的著作权合同必须明确规定向客户交付作品的期限，以及转让使用作品的财产权利。

2. 客户有义务向作者预先支付约定的版税。预付款的金额、程序和日期由双方商定，并在合同中做出约定。

3. 如果作者没有按照订单作品的合同条款交付作品，应赔偿给客户造成的实际损害。

第3章　邻接权

第34条　邻接权的客体

邻接权涉及舞台演出、表演、录音制品、无线和有线广播组织的广播，不论其名称、内容和价值及其表达方法和形式。

第35条　邻接权主体❷

1. 表演者、录音制品制作者以及无线和有线广播组织是邻接权的主体。

2. 录音制品制作者和广播组织应在与表演者和作品作者所签合同约定的权利范围内行使本章规定的权利，该作品被录制在录音制品上或者通过无线或有线广播。

---

❶ 根据哈萨克斯坦下列法律予以修订：第300－Ⅴ号法律（2015年4月7日颁布，自颁布之日起10日内实施）；第71－Ⅷ号法律（2024年4月6日颁布，自颁布之日起60日内实施）。

❷ 根据哈萨克斯坦下列法律予以修订：第90号法律（2005年11月22日颁布，实施程序见哈萨克斯坦关于知识产权若干问题予以修订和增补的法案第2条）；第179－Ⅳ号法律（2009年7月10日颁布，实施程序见哈萨克斯坦关于知识产权若干问题予以修订和增补的法案第2条）。

3. 表演者在行使本章规定的权利时，应尊重作品作者的权利。

4. 邻接权的产生和行使，无须对作品进行登记，也无须遵守特定形式要求。录音制品制作者和/或表演者为表明其权利，有权在录音制品的每一份复制件上和/或其包装上使用有关权利的保护标志，该标志包括三个要素：

1）带圆圈的拉丁文字母"P"；

2）邻接权人的姓名（名称）；

3）录音制品首次发行的日期。

5. 除非另有证据，否则在录音制品或其包装上标明姓名或名称的自然人或法人，应被视为录音制品制作者。

第36条　邻接权的效力❶

1. 表演者的权利在下列情况下，根据本法予以承认：

1）表演者为哈萨克斯坦公民；

2）首次在哈萨克斯坦境内演出；

3）录制在符合本条第2款规定的受保护的录音制品上的舞台演出、表演；

4）未被录制为录音制品的，包含在符合本条第3款规定应受保护的无线和有线广播组织传播的舞台演出、表演。

2. 录音制品制作者的权利在下列情况下，根据本法予以承认：

1）录音制品制作者是哈萨克斯坦公民或依法设立在哈萨克斯坦境内的法人；

2）录音制品首次在哈萨克斯坦境内出版。录音制品在哈萨克斯坦境外出版之日起30天内在哈萨克斯坦境内出版的，该录音制品视为在哈萨克斯坦境内首次出版。

3. 无线或有线广播组织依法设在哈萨克斯坦境内，并借助设在哈萨克斯坦境内的设备进行广播的，根据本法承认权利属于该组织。

4. 根据哈萨克斯坦批准的相关国际条约，相关的表演、录音制品、有线或无线广播组织的传输在来源国没有进入公有领域的，根据哈萨克斯坦批准的国际条约，外国自然人和法人在哈萨克斯坦境内的邻接权应得到承认。

---

❶ 根据哈萨克斯坦第586号法律（2004年7月9日颁布）予以修订。

第37条 表演者权❶

1. 除本法规定的情形外，下列人身权、财产权归表演者所有：

1）署名权；

2）保护表演或舞台演出不受任何扭曲或任何其他可能损害表演者荣誉和尊严的侵权行为的权利（名誉保护权）；

3）以任何方式使用演出或表演的权利，包括就舞台演出或表演的每种使用方式收取版税的权利。

1-1. 不论表演者的财产权利如何，人身权均归表演者所有，在转让表演专有财产权的情况下，仍归表演者所有。

2. 表演者使用表演或舞台演出的专有权系指允许或禁止采取下列行为的权利：

1）录制先前未录制的舞台演出或表演；

2）以任何方式直接或间接复制已录制的舞台演出或表演；

3）通过无线或有线方式向公众广播表演和舞台演出，而不使用表演的录制品；

4）除本法第39条第1款规定的情形外，通过有线或无线方式向公众广播表演或舞台演出录制品；

5）出租（租赁）录有表演者参与表演的以商业目的出版的录音制品。该权利在签署将表演录制为录音制品合同时转让给录音制品制作者。对此，表演者保留出租（租赁）该录音制品复制件获得版税的权利。

3. 本条第2款2）项规定的表演者权不适用于下列情形：

1）演出或表演的首次录制取得表演者的同意；

2）以与录制演出或表演时征得表演者同意的相同目的复制演出或表演；

3）以与依照本法第41条录制的相同目的复制演出或表演。

4. 本条第2款规定的许可应由表演者签发；群体表演时，则由该团体的负责人与使用者签订书面合同签发。

5. 若表演者与无线、有线广播组织签订合同约定，无线和有线广播组织对表演的广播与转播的录制以及录制品的复制，无须获得本条第2款1）项、

---

❶ 根据哈萨克斯坦下列法律予以修订：第586号法律（2004年7月9日颁布）；第90号法律（2005年11月22日颁布，实施程序见哈萨克斯坦关于知识产权若干问题予以修订和增补的法案第2条）。

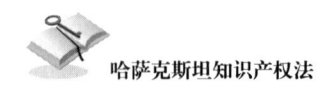

2）项和3）项规定的许可。表演者因这些使用所获的版税金额也应在合同中确定。

6. 表演者与视听作品制作者之间签订的合同，应包含表演者在本条第2款1）项、2）项、3）项和4）项规定的权利。表演者权利的条款以使用视听作品为限，除合同另有约定以外，不包括单独使用固定在视听作品中声音或者图像的权利。

7. 本条第2款规定的表演者专有权可以通过合同转让给第三人。

第38条 录音制品制作者的权利[①]

1. 除本法规定的权利外，录音制品制作者享有以任何方式使用录音制品的权利，包括有权就录音制品的每种使用方式获得版税。

2. 录音制品的专有权是指采取、允许或禁止从事下列行为的权利：

1）以任何方式直接或间接复制录音制品；

2）发行录音制品的原件和复制件，包括通过进口、销售或任何其他方式转让其所有权；

3）即使在录音制品制作者自己或经其许可发行后，仍可出租（租赁）录音制品；

4）重制或以任何方式加工录音制品；

5）向公众广播录音制品。

3. 合法发行的录音制品的复制件通过销售进入流通领域的，其进一步发行无须经录音制品制作者同意，也不用支付版税。不论录音制品的所有权如何，通过出租（租赁）发行录音制品的权利属于录音制品的制作者。

4. 本条第2款规定的录音制品制作者的专有权利可以根据合同转让给第三方。

第39条 将已发行的录音制品用于商业目的无须录音制品制作者和表演者同意

1. 下列行为无须征得为商业目的发行的录音制品制作者和录制在其上表演的表演者同意，但应支付版税：

[①] 根据哈萨克斯坦下列法律予以修订：第586号法律（2004年7月9日颁布）；第90号法律（2005年11月22日颁布，实施程序见哈萨克斯坦关于知识产权若干问题予以修订和增补的法案第2条）。

1）公开表演录音制品；

2）无线广播录音制品；

3）有线广播录音制品；

2. 本条第1款规定的版税的收取、分配和支付应由以集体管理为基础（见本法第43条）的管理录音制品制作者和表演者权利的组织之一根据该等组织之间的协议完成。除该协议另有约定外，上述版税应由录音制品制作者和表演者平均分配。

3. 版税的金额和支付条件应由作为一方的录音制品使用者或此类使用者的组织（协会）与作为另一方的管理录音制品制作者和表演者权利的组织之间的协议确定；双方未达成协议的，由授权机构确定。版税的金额应根据录音制品的每种使用方式确定。

4. 录音制品使用者有义务向本条第2款规定的组织提供包含使用录音制品数量的准确数据，以及收取和分配版税所需的其他数据和文件。

第40条 无线和有线广播组织的权利[1]

1. 除本法规定的权利外，无线和/或有线广播组织对其广播享有以任何方式使用广播和许可使用广播的专有权利，包括因给予该许可而收取版税的权利。

2. 专有使用权是指许可或禁止从事下列行为的权利：

1）播放节目；

2）通过有线或无线广播向公众传播信息；

3）录制节目；

4）播放录制品；

5）在付费场所向公众广播节目；

6）向公众转播。

3. 本条第2款4）项规定的无线和/或有线广播组织的专有权，不适用于下列情形：

1）在无线和/或有线广播组织同意的情况下对广播进行录制；

2）根据本法第41条的规定，复制广播与录制的目的相同。

---

[1] 根据哈萨克斯坦下列法律予以修订：第586号法律（2004年7月9日颁布），第90号法律（2005年11月22日颁布，实施程序见哈萨克斯坦关于知识产权若干问题予以修订和增补的法案第2条）。

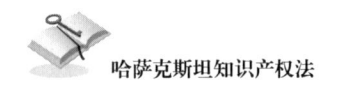

第 40 -1 条　专有权转让许可合同❶

1. 本法第 37 条、第 38 条和第 40 条规定的专有权可全部或部分转让,也可根据排他性或者非排他性许可合同转让使用。此类合同应符合本法第 32 条规定的要求。

2. 被哈萨克斯坦第 179 -Ⅳ号法律(2009 年 7 月 10 日颁布)废除(实施程序见哈萨克斯坦关于知识产权若干问题予以修订和增补的法案第 2 条)。

第 40 -2 条　表演者和录音制品制作者的最低版税税率❷

在由于作品性质或其使用的特殊性(公开表演,包括广播和电视,通过机械、磁力和其他录音方式复制作品,未经表演者和录音制品制作者同意为个人目的复制作品,以及其他情况)而无法单独实际行使财产(专有)权的情况下,授权机构应与文化、发展和支持私营企业领域的有关授权机构协商,确定表演者和录音制品制作者的最低版税税率。

集体管理财产权的组织在与使用者签订合同时,无权约定表演者和录音制品制作者的版税比率低于授权机构规定的最低版税税率。

第 41 条　对表演者、录音制品制作者、无线或有线广播组织权利的限制❸

1. 允许为下列目的使用表演、演出、无线或有线广播组织的广播及其录音制品,以及复制录音制品,无须表演者、录音制品制作者、无线或有线广播组织的同意,且无须支付版税:

1)为评论时事,包括少量摘录表演、舞台演出、录音制品、无线或有线广播组织的广播;

2)专门用于培训或科研目的;

3)以提供信息为目的,无线或有线广播组织可从表演、舞台演出、录音制品、广播中选取少量内容作为引用。在符合本法第 39 条规定的情况下,无

---

❶ 根据哈萨克斯坦第 586 号法律(2004 年 7 月 9 日颁布)予以增补。根据哈萨克斯坦第 179 -Ⅳ号法律(2009 年 7 月 10 日颁布,执行程序见第 2 条)予以修订。

❷ 根据哈萨克斯坦第 179 -Ⅳ号法律(2009 年 7 月 10 日颁布,执行程序见第 2 条)予以增补。根据哈萨克斯坦第 223 -Ⅶ号法律(2023 年 4 月 19 日颁布,自颁布之日起 10 日后实施)予以修订。

❸ 根据哈萨克斯坦下列法律予以修订:第 586 号法律(2004 年 7 月 9 日颁布);第 90 号法律(2005 年 11 月 22 日颁布,实施程序见哈萨克斯坦关于知识产权若干问题予以修订和增补的法案第 2 条)。

线或有线广播组织可以使用其为商业目的发行的录音制品进行无线或有线广播；

4）本法第 18 条至第 26 条规定的对科学、文学和艺术作品财产权进行限制的其他情形。

2. 除本法第 37 条至第 40 条规定外，未经表演者、录音制品制作者、无线或有线广播组织同意，个人可以使用无线或有线广播组织的广播及其录音制品，以及复制仅供个人使用的录音制品。复制录音制品应根据本法第 26 条的规定支付版税。

3. 关于取得表演者、录音制品制作者、无线或有线广播组织许可，对表演、舞台演出或作品进行短期录制、以复制为商业目的发行的录音制品的行为，不适用本法第 37 条、第 38 条、第 40 条的规定。短期使用复制的录音制品仅由广播组织自己的设备进行广播的，须获得下列许可：

1）广播组织事先获得制作、表演或广播的许可，根据本款的规定，可对该录音制品进行短期使用或复制；

2）由无线或有线广播组织依照本法第 25 条规定制作的、供短期使用应在规定期限内销毁的科学、文学和艺术作品录制品，但因其纯粹的文献性质可存档的除外。

4. 本条所规定的限制不应影响包含科学、文学和艺术作品的表演、舞台演出和无线或有线广播组织的广播及录制的录音制品的正常使用，也不应侵犯表演者、录音制品制作者、无线或有线广播组织和作品作者的合法权益。

第 42 条　邻接权的有效期[1]

1. 本章规定的表演者的权利，在首次演出后 70 年内有效。本法第 37 条规定的表演者的署名权、保护表演或者舞台演出不受歪曲和其他可能损害表演者荣誉和尊严的侵权行为的权利，无限期地受到保护。

2. 本章规定的录音制品制作者的权利自录音制品首次发行之日起 70 年内有效。录音制品在此期间未发行的，在首次录制后 70 年内有效。

3. 本章规定的无线广播组织享有的权利，在该广播组织进行首次广播后 70 年内有效。

---

[1] 根据哈萨克斯坦下列法律予以修订：第 586 号法律（2004 年 7 月 9 日颁布）；第 90 号法律（2005 年 11 月 22 日颁布，实施程序见哈萨克斯坦关于知识产权若干问题予以修订和增补的法案第 2 条）。

4. 本章规定的有线广播组织的权利，在该广播组织进行首次广播后70年内有效。

5. 自本法实施之日起，广播和电视节目（通过屏幕放映）自依法发行或者制作之日起70年内未过期的，在剩余期间内作为邻接权客体受到保护。

6. 本条第1款、第2款、第3款、第4款规定的日期的计算，从作为期间开始的法律事实发生次年的1月1日起算。

7. 如果表演者受到迫害并在死后恢复名誉，在恢复名誉后次年的1月1日起开始计算权利保护期限。

8. 按照本条第1款、第2款、第3款、第4款的规定，表演者、表演者的继承人（就法人而言指受让人）、录音制品制作者、无线或有线广播组织有权授权使用无线可有线广播组织的表演、制作的作品、录音制品、广播并获得版税；

9. 广播或有线广播组织的表演、制作的作品、录音制品、广播的邻接权届满即表示其进入公有领域。

关于进入公有领域的邻接权，适用本法第29条的规定，同时参考本法第34条至第42条的规定。

第4章 财产权的集体管理

第43条 财产权集体管理的目标和范围❶

1. 科学、文学和艺术作品的作者、表演者、录音制品制作者以及其他著作权人和邻接权人，为实现其权利，有权建立集体管理其财产权的组织。

2. 集体管理组织不得从事商业活动，不得使用因集体管理而取得的作品和邻接权客体。

3. 允许为不同权利和不同权利人的种类，或管理一类权利人的不同权利，或管理不同种类权利人的同种权利而设立独立的组织。这些组织应由著作权人和邻接权人直接设立，并依据组织章程获得的权力在合理范围内运行。

可以创建以集体为基础管理财产权的组织，特别是在下列集体管理领域：

1) 管理公开表演、有线或无线广播，包括转播、信息网络传播已发表的

---

❶ 根据哈萨克斯坦下列法律予以修订：第179－Ⅳ号法律（2009年7月10日颁布，执行程序见第2条）；第537－Ⅳ号法律（2012年1月12日颁布，自颁布之日起10日后实施）；第128－Ⅶ号法律（2022年6月20日颁布，自颁布之日起60日实施）。

音乐作品（有词或无词）以及音乐和戏剧作品节选的专有权；

2）行使用于视听作品中的音乐作品（有词或无词）的作曲家的著作权，以通过有线或无线广播方式公开表演或向公众广播该视听作品而获得版税；

3）管理美术作品的追续权；

4）行使作者、表演者、录音制品制作者和视听作品制片者的权利，对为个人需要而非商业目的复制录音制品和视听作品收取版税；

5）行使表演者对公开表演收取版税的权利，以及通过有线或无线广播方式对为商业目的发行的录音制品进行信息网络传播的权利；

6）行使录音制品制作者对公开广播而获得版税的权利，以及通过有线或无线广播方式对为商业目的发行的录音制品进行网络信息传播的权利；

7）管理已发表作品的复制权；

8）行使无线和有线广播组织对公开表演获得版税的权利，以及通过有线或无线广播方式对为商业目的制作的节目进行信息网络传播的权利。

4. 著作权人及邻接权人应在书面合同和与外国管理类似权利的组织签订的相关合同基础上，自愿直接转让财产权的集体管理权，但应遵守本法第 46-1 条第 2 款的规定。

在向若干集体管理财产权的组织转让集体管理权时，所转让的权利必须在数量范围和/或管理领域方面有所不同。

5. 集体管理组织的章程应包含符合本法要求的规定。在违反本法和非营利组织注册程序法律规定的情况下，可以拒绝集体管理组织的登记。

6. 应由著作权人和邻接权人的集体管理组织管理其财产权。版税金额和与使用者签订许可合同的条件、收取版税的分配和支付方式以及与该组织活动有关的其他主要问题，应由著作权人和邻接权人在全体会议上共同决定。

第 44 条　财产权集体管理组织的活动[1]

1. 受本法第 2 章和第 3 章保护的任何作者、其继承人或著作权和邻接权的其他所有人，有权将其权利转让给集体管理组织进行管理。该组织根据集

---

[1] 根据哈萨克斯坦下列法律予以修订：第 586 号法律（2004 年 7 月 9 日颁布）；第 179-Ⅳ号法律（2009 年 7 月 10 日颁布，实施程序见哈萨克斯坦关于知识产权若干问题予以修订和增补的法案第 2 条）；第 36-Ⅴ号法律（2012 年 7 月 10 日颁布，自颁布之日起 10 日后实施）；第 300-Ⅴ号法律（2015 年 4 月 7 日颁布，自颁布之日起 10 日后实施）；第 128-Ⅶ号法律（2022 年 6 月 20 日颁布，自颁布之日起 60 日实施）。

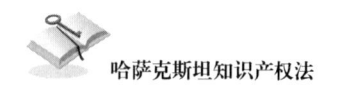

体组织的管理章程对此类权利进行管理，对所取得的作品及其邻接权客体没有使用权。

2. 在根据本法第43条第3款获得授权的基础上，财产权集体管理组织应与使用者就使用作品和邻接权客体的相关方式签订许可合同。此类许可合同的条件对同一类别所有用户的约定应当一致。上述组织无权在无充分理由的情况下拒绝与使用者签订许可合同。

2-1. 使用者有义务以书面或电子文件形式向集体管理组织报告著作权和邻接权客体的使用情况，以及收取和分配版税所必需的其他资料和文件，提交报告的清单和期限在许可合同予以规定。

3. 被哈萨克斯坦第36-Ⅴ号法律（2012年7月10日颁布，自颁布之日起10日后实施）废除。

4. 著作权人和邻接权人针对使用者根据签署的许可合同下使用其作品和邻接权利客体而提出的所有可能的财产索赔，必须由集体管理组织监管。

5. 集体管理组织有义务采取措施，对收取的版税进行分配和支付。

因未提供著作权及邻接权客体使用情况的报告，导致已收取的版税无法分配和认定的，集体管理组织有义务保留未分配的版税，自收取之日起3年后，根据著作权和邻接权人全体会议的决定将其纳入基金。

在特定著作权和邻接权的特定持有者之间拟分配的已收取的版税金额应保存在集体管理组织的账户中，并在发现相关作者和/或权利人或与其取得联系后立即支付给相关作者和/或权利人，不论版税存在组织账户中的时间长短。

第45条 财产权集体管理组织的职能❶

财产权集体管理组织应代表著作权人和邻接权人，并根据从其获得的授权，履行下列职能：

1）以书面或电子文件形式与使用者签订使用由本组织管理的权利的许可合同；

2）与使用者协商许可合同中版税的金额和其他条件；

3）未签订许可合同的，当处理收取版税事宜时，与使用者协商版税金额（见本法第26条、第39条第2款和第3款）；

---

❶ 根据哈萨克斯坦下列法律予以修订：第179号-Ⅳ法律（2009年7月10日颁布，执行程序见第2条）；第128-Ⅶ号法律（2022年6月20日颁布，自颁布之日起60日实施）。

4）按照哈萨克斯坦税法（以下简称"税法"）第166条第1款的要求，收取合同规定的版税和/或本条3）项规定的版税；

5）向其所代表的著作权人和邻接权人分配和支付依照本条4）项收取的版税；

6）采取任何必要的法律行动，以保护这些集体组织的管理权利。

第46条 财产权集体管理组织的义务[❶]

1. 财产权集体管理组织以其所代表的著作权人和邻接权人的利益为出发点开展活动。为达成这些目标，该组织必须：

1）在支付版税的同时，通过该组织互联网上的个人账户向著作权人和邻接权人提供包含其权利使用情况的报告，包括收取和扣缴的金额。

2）依照本法第45条4）项的规定，向著作权人和邻接权人分配和支付报酬。版税的分配和支付应公平，不得因公民身份、居住国、权利人类别和其他原因有所歧视。该组织有权从版税中扣除一定金额，以支付其收取、分配和支付此类款项的实际成本，以及一些应归入该组织根据合同为著作权和邻接权人的利益设立的特别基金。支付实际收取、分配和支付版税的费用，不得超过收取版税总额的30%。

3）在按比例扣除根据本款2）项规定的使用作品和邻接权客体的版税后，至少每季度向哈萨克斯坦著作权和邻接权人分配并支付一次所收取的版税，至少每年向管理类似权利的外国组织支付一次版税。该组织必须采取措施，根据签订的许可合同和支付版税的合同，使用从其他财产权集体管理组织收到的信息，以及在哈萨克斯坦境内大众媒体发布的信息，确定有权获得版税的权利人。

4）创建登记簿，包含有关著作权人和邻接权人、转让给财产权集体管理组织管理的权利以及著作权和邻接权客体的信息。著作权人应同意将此类登记簿中包含的信息提供给相关各方，根据法律规定不得公开的除外。

5）设立网站，发布财产权集体管理产权组织的活动情况，确保网站每天24小时开放，网站上发布的信息公开且免费。

[❶] 根据哈萨克斯坦下列法律予以修订：第179-Ⅳ号法律（2009年7月10日，执行程序见第2条）；第537-Ⅳ号法律（2012年1月12日颁布，自颁布之日起10日后实施）；第300-Ⅴ号法律（2015年4月7日颁布，自颁布之日起10日后实施）；第161-Ⅵ号法律（2018年6月20日颁布，自颁布之日起10日后实施）；第128-Ⅶ号法律（2022年6月20日颁布，自颁布之日起60日后实施）。

6）在其网站上发布有关权利人转让给财产权集体管理组织的管理权利的信息，包括著作权或邻接权客体的名称、著作权人或其他权利人的姓名，根据与财产权集体管理组织签订的转让权利的，应发布该组织的名称和版税标准。

7）在其网站上发布该组织代表人的信息。

8）在哈萨克斯坦境内的大众媒体和互联网上发布提交给授权机构的报告。

9）在网站上发布与使用者签订的许可合同的信息，包括使用者名称、所在地以及签订合同的日期。

10）与哈萨克斯坦境内财产权集体管理组织签订相互代表其利益的合同。

11）以书面或电子文件形式通知授权机构全体会议召开的时间和地点，但不得晚于会议召开前10个工作日，并提供参加会议的途径。

1-1. 财产权集体管理组织有义务聘请独立的审计机构，至少每2年对其会计（财务）报表进行一次审计，并核查收取、分配和支付版税的资金交易的业务实施和记录情况，收取版税的分配和特殊用途收支是否符合该组织批准的方法和本法规定的要求。

财产权集体管理组织有义务在批准（签署）之日起1个月内在其网站上公布审计报告和审计结果以及相关会计（财务）报表，这些报表必须在5年内对权利人保持公开。

本款第1部分规定的会计（财务）报表和其他信息，经审计和核实后，不得列入机密、商业秘密或其他受法律保护的秘密。

审计和核查费用应计入财产权集体管理组织的开支。

2. 著作权人和邻接权人未按照本法第45条第4款的规定授权集体管理组织收取版税的，有权要求其支付所收取的版税，并将作品和邻接权客体排除在该组织授予使用者的许可之外。

财产权集体管理组织自收到著作权和/或邻接权人的相关请求之日起3个月内，有义务将所述权利和/或客体排除在与所有使用者签订的许可合同之外，并将这些信息发布在哈萨克斯坦境内的大众媒体及其网站上。财产权集体管理组织有义务向著作权人和/或邻接权人支付根据先前签订的许可合同从使用者处收取的应得版税，并向其提交报告。

著作权人和邻接权人已将作品和邻接权客体排除在其作品之外的，在本款第2部分规定的期限届满后，财产权集体管理组织无权允许使用者使用这些作品。

第 46 −1 条　财产权集体管理组织的认证❶

1. 财产权集体管理组织有权从授权机构获得关于在本法第 43 条第 3 款规定的集体管理领域开展活动的认证证书。

2. 在本法第 43 条第 3 款规定的各个领域进行认证，本法另有规定的除外。

财产权集体管理组织可以取得资格证书，从事第 43 条第 3 款规定的 1 项、2 项或者更多的集体管理领域的经营活动。财产权集体管理组织认证证书的形式由授权机构确定。

财产权集体管理组织取得认证证书的，除有权管理与之签订管理合同的权利人的权利外，还有权向未签订此类管理合同的权利人收取版税。

第 46 −2 条　财产权集体管理组织认证的程序❷

1. 财产权集体管理组织的认证自愿，由授权机构根据财产权集体管理组织的申请依法进行。

2. 财产权集体管理组织的认证依据授权机构根据财产权集体管理组织认证委员会（以下简称"认证委员会"）的决议进行。

3. 认证委员会的组成和规章由授权机构批准。

认证委员会开会日期的信息由授权机构不迟于会议前 30 个工作日在哈萨克斯坦境内发行的定期印刷出版物及其网站上发布。

4. 为了获得认证，申请人必须向授权机构提交书面申请。申请必须在不迟于认证委员会会议召开前 10 个工作日提出。财产权集体管理组织获得认证的申请书格式和文件清单由授权机构设立的认证机构确定。

5. 授权机构接受申请并将其记录在登记簿中，同时附上编号并注明收到申请的日期。

6. 认证委员会会议有权在至少一半成员参加会议时作出决议。委员会的

---

❶ 根据哈萨克斯坦第 179 − Ⅳ 号法律（2009 年 7 月 10 日颁布，执行程序见第 2 条）予以增补。
❷ 根据哈萨克斯坦第 179 − Ⅳ 号法律（2009 年 7 月 10 日颁布，执行程序见第 2 条）予以增补。根据哈萨克斯坦下列法律予以修订：第 537 − Ⅳ 号法律（2012 年 1 月 12 日颁布，自颁布之日起 10 日后实施）；第 300 − Ⅴ 号法律（2015 年 4 月 7 日颁布，自颁布之日起 10 日后实施）；第 161 − Ⅵ 号法律（2018 年 6 月 20 日颁布，自颁布之日起 10 日后实施）；第 128 − Ⅶ 号法律（2022 年 6 月 20 日颁布，自颁布之日起 60 日实施）。

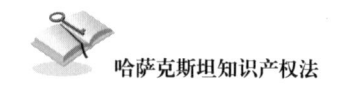

认证决议由成员简单多数投票得出。若票数相等，主席拥有委员会决定性的一票。禁止委员会成员以缺席投票和委托他人投票的方式作出认证决议。

7. 根据认证委员会会议的结果，授权机构在会议结束后不迟于 5 个工作日内作出认证或拒绝认证的决定。

向申请人颁发的认证证书有效期为 5 年。

在作出认证结论时，认证委员会必须考虑下列情况：

1）在这一领域开展活动必须从登记为法人之日起不少于 2 年；

2）至少有过 8 次版税分配和支付的工作实践；

3）作者和使用者对组织管理的评价是正面的；

4）与其他类似财产权集体管理组织缔结相互代理合同；

5）组织充分履行本法第 46 条规定的义务；

6）根据现有的相互代理合同，必须对不同集体管理组织之间就相关版税的转移提供证明文件；

7）妨碍国家监察机关工作人员执行公务，以及不遵守决议、指示和其他要求的，依法追究其行政责任。

在下列情况下，授权机构作出不予认证的决定：

1）未提交哈萨克斯坦法律规定的文件；

2）提交文件中的信息不完整；

3）对妨碍国家监察机关工作人员执行公务、不遵守决议、指示和其他要求的，依法追究行政责任；

4）组织不履行和/或不正确履行本法第 46 条规定的义务。

如果授权机构因组织不履行和/或不适当履行本法第 46 条规定的义务而作出拒绝认证决定的，该组织在授权机构作出拒绝认证决定之日起 2 年内无权从授权机构处获得本法第 43 条第 3 款规定的财产权集体管理领域开展活动的认证证书。

8. 根据哈萨克斯坦法律，可以对不批准财产权集体管理组织认证的决定提出申诉。

9. 授权机构在其网站上发布关于认证组织的信息。

10. 在重新登记或重组组织的情况下，该组织应将这一事实以书面形式通知授权机构，提供重新登记或重组组织的相关信息文件，并在 10 个工作日内交回认证证书，申请重新审核。

授权机构应当自收到集体管理组织书面通知之日起 10 个工作日内向申请

人颁发认证证书。

11. 认证证书遗失时，授权机构经财产权集体管理组织的书面要求，在 10 个工作日内补发认证证书。

第 47 条　监管财产权集体管理组织的活动❶

1. 对作者、表演者、录音制品制作者或其他著作权和/或邻接权人的财产权进行集体管理的组织，有义务在不迟于报告年度次年的 4 月 15 日向授权机构提交有关其活动的下列资料：

1）对该组织章程和其他组成文件的修正；

2）该组织与管理类似权利的外国组织签订的双边和多边合同；

3）全体会议的决议；

4）年度资产负债表、年度报告，包括未领取薪酬的详细信息，以及审计报告；

5）授权代表该组织人员的姓名。

2. 授权机构有权要求财产权集体管理组织提供必要的补充资料和文件，以核实该组织的活动是否符合本法和哈萨克斯坦关于非营利组织的法律或其他法律，以及该组织的章程。

第 47 - 1　财产权集体管理组织认证证书的撤销❷

在下列情况下，授权机构可撤销财产权集体管理组织的认证证书：

1）查明据以作为认证决定的文件中含有不可靠信息；

2）未在规定时间提供关于认证组织活动的年度报告；

3）提交给授权机构的认证组织活动的年度报告含有虚假信息；

4）从事商业活动；

---

❶ 根据哈萨克斯坦下列法律予以修订：第 179 - Ⅳ号法律（2009 年 7 月 10 日颁布，实施程序见哈萨克斯坦关于知识产权若干问题予以修订和增补的法案第 2 条）；第 537 - Ⅳ号法律（2012 年 1 月 12 日颁布，自颁布之日起 10 日后实施）；第 300 - Ⅴ号法律（2015 年 4 月 7 日颁布，自颁布之日起 10 日后实施）；第 161 - Ⅵ号法律（2018 年 6 月 20 日颁布，自颁布之日起 10 日后实施）。

❷ 根据哈萨克斯坦第 179 - Ⅳ号法律（2009 年 7 月 10 日颁布，执行程序见第 2 条）予以增补。根据哈萨克斯坦下列法律予以修订：第 537 - Ⅳ号法律（2012 年 1 月 12 日颁布，自颁布之日起 10 日后实施）；第 300 - Ⅴ号法律（2015 年 4 月 7 日颁布，自颁布之日起 10 日后实施）；第 128 - Ⅶ号法律（2022 年 6 月 20 日颁布，自颁布之日起 60 日后实施）；第 223 - Ⅶ号法律（2023 年 4 月 19 日颁布，自颁布之日起 10 日后实施）。

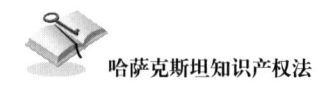

5）违反本法第46条规定的义务；

6）逾期支付版税；

7）未采取措施寻找作者、表演者和录音制品制作者，以便转交所收取的版税；

8）对妨碍国家监察机关工作人员执行公务，不遵守决议、指示和其他要求的，依法追究行政责任。

9）对作者、表演者和录音制品制作者适用的版税税率低于授权机构规定的最低版税税率。

第47-2条　财产权集体管理组织资格认证证书的终止❶

1. 财产权集体管理组织认证证书在下列情况下终止：

1）颁发的认证证书期限届满；

2）决定自愿向授权机构交回认证证书；

3）认证证书被撤销；

4）财产权集体管理组织被清算。

2. 财产权集体管理组织的认证证书终止的，自本条第1款所述情形发生之日起1个月内，证书应退还授权机构。

第5章　著作权及邻接权的保护

第48条　侵犯著作权和邻接权❷

1. 侵犯本法规定的著作权和/或邻接权的，依照哈萨克斯坦法律承担责任。

2. 对于著作权和/或邻接权的客体，不得：

1）为使用著作权和/或邻接权客体，采取旨在移除申请人为保护著作权和邻接权设置的技术保护措施的行为；

2）以创收或提供服务为由，以任何设备或其组件进行制造、分销、出租、出借、进口、广告，以及由此类行为获取相关利益，著作权保护措施或技术手段不能为上述权利提供保护；

---

❶ 根据哈萨克斯坦第179-Ⅳ号法律（2009年7月10日颁布，执行程序见第2条）予以修订。

❷ 根据哈萨克斯坦下列法律予以修订：第179-Ⅳ号法律（2009年7月10日颁布，执行程序见第2条）；第537-Ⅳ号法律（2012年1月12日颁布，自颁布之日起10日后实施）。

3）未经作者或其他权利人许可，擅自删除或更改著作权管理信息；

4）未经作者、集体管理组织或其他权利人许可，复制、发行、为发行目的进口、公开表演、通过有线或无线广播向公众传播作品或邻接权客体的相关信息。

第48-1条　对自然人和法人使用著作权和相关权客体活动的控制❶

第49条　著作权和邻接权的保护❷

1. 著作权和邻接权的保护由法院通过下列方式完成：

1）确认权利；

2）恢复权利被侵犯之前的原状；

3）制止侵权行为或有侵权之虞的行为；

4）赔偿包括利润损失在内的损失；

5）没收因侵犯著作权和邻接权获得的收入；

6）赔偿金额从法院确定的100—15000个月度核算指标❸，或者以类似情况下合法使用作品通常收取的价格确定的作品复制品价格的2倍，或者作品使用权价格的2倍。赔偿金额由法院确定，而不是赔偿损失或没收收入；

7）采取法律规定的保护权利的其他措施；

著作权人和邻接权人选择适用本款4）项、5）项、6）项规定的措施。

1-1. 被哈萨克斯坦第161-Ⅵ号法律（2018年6月20日颁布，自颁布之日起10日后实施）废除。

2. 在审理案件之前，法官有权作出禁止被告制作、复制、销售、使用被认为是盗版的作品和录音制品的复制件的决定。法官有权查封和扣押盗版的作品和录音制品的复制件，以及为制作和复制这些作品和录音制品的材料和设备。

---

❶ 根据哈萨克斯坦第586号法律（2004年7月9日颁布）予以增补。根据哈萨克斯坦第156-Ⅵ号法律（2018年5月24日颁布，自颁布之日起10日后实施）予以废除。

❷ 根据哈萨克斯坦下列法律予以修订：第90号法律（2005年11月22日颁布，执行程序见第二条）；第179-Ⅳ号法律（2009年7月10日颁布，执行程序见第二条）；第537-Ⅳ号法律（2012年1月12日颁布，自颁布之日起10日后实施）；第300-Ⅴ号法律（2015年4月7日颁布，自颁布之日起10日后实施）；第378-Ⅴ号法律（2015年10月31日颁布，自2016年1月1日起实施）；第161-Ⅵ号法律（2018年6月20日颁布，自颁布之日起10日后实施）。

❸ 哈萨克斯坦根据通货膨胀率每年采取不同的月度核算指标，2022年的月度核算指标为3063坚戈。

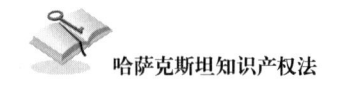

3. 法院有权决定没收作品和录音制品的复制件，以及用于复制这些作品和录音制品的材料和设备。作品或录音制品的盗版复制件，可应著作权人或邻接权人的要求移交给著作权人或邻接权人，或经法院判决予以销毁。

用于复制的材料和设备经法院判决予以销毁或转变为国家财产。

专利法

专利法[*]

(哈萨克斯坦1999年7月16日第427号法律)

第1章 一般规定

第1条 本法使用的基本概念[❶]

本法中使用的基本概念如下:

1)专有权,指专利权人自行决定以任何方式使用工业产权客体的财产权利。

2)公报,指关于工业产权客体保护的官方期刊。

2-1)欧亚申请,指根据1994年9月9日签订的《欧亚专利公约》提出的申请。

2-2)欧亚专利,指根据1994年9月9日签订的《欧亚专利公约》授予的专利。

3)知识产权客体,指智力活动成果以及参与者在经济活动和产品、作品及服务中的独特方法。

4)保护证书,指根据本法授予的发明专利、工业品外观设计专利和实用新型专利证书。

5)被哈萨克斯坦第300-Ⅴ号法律(该法于2015年4月7日颁布,自颁布之日起10日后实施)废除。

6)许可合同,指专利权人(许可人)授权他人(被许可人)以特定方式临时使用工业产权客体的合同。

7)工业产权客体,指发明、实用新型和工业品外观设计。

---

[*] 本译文根据哈萨克斯坦规范性法案的信息法律系统 [官方网站链接为:ИПС "Әділет" (zan. kz)] 2022年6月20日修订的哈萨克斯坦专利法俄语版本翻译。——译者注

[❶] 根据哈萨克斯坦下列法律予以修订:第237号法律(2007年3月2日颁布,自颁布之日起实施);第34-Ⅴ号法律(2012年7月10日颁布,自颁布之日起实施);第300-Ⅴ号法律(2015年4月7日颁布,自颁布之日起10日后实施);第128-Ⅶ号法律(2022年6月20日颁布,自颁布之日起60日后实施)。

7-1）职务工业产权客体，指由雇员履行职责或者完成雇主的特定任务所创造的发明、实用新型和外观设计。

8）《巴黎公约》，指于1883年3月20日签订的《保护工业产权巴黎公约》及其后所有的修订和增补。

9）专利权人，指保护证书的所有人。

10）授予专利权的条件，指本法规定的授予工业产权客体法律保护的条件。

11）授予专利权的工业产权客体，指已被授予保护证书的工业产权客体。

12）专利律师，指根据哈萨克斯坦法律，面对授权机构与专家组织有权代表自然人和法人的哈萨克斯坦公民。

13）国际申请，指根据1970年6月19日签订的《专利合作条约》提出的申请。

第2条 专利法调整的关系

1. 本法调整因创造、保护和使用工业产权客体而产生的财产和非财产关系。

2. 剩余知识产权客体的保护（如育种成果、集成电路布图设计、商品商标、服务商标、原产地名称等）由其他法律调整。

第3条 本法的适用范围❶

1. 本法的规定适用工业产权客体、授权机构颁发的保护证书以及根据哈萨克斯坦加入的国际条约授予的工业产权客体及其专利。

2. 本法与哈萨克斯坦批准的国际条约相抵触的，适用该国际条约的规定。

第4条 保护发明、实用新型和工业品外观设计的国家授权机构❷

1. 保护发明、实用新型、工业品外观设计的国家授权机构（以下简称"授权机构"）指哈萨克斯坦政府授权在保护发明、实用新型和工业品外观设计领域实施国家法规的机构。

---

❶ 根据哈萨克斯坦第586号法律（2004年6月9日颁布）予以修订。
❷ 根据哈萨克斯坦下列法律予以修订：第586号法律（2004年7月9日颁布）；第452-Ⅳ号法律（2011年7月5日颁布，2011年10月13日实施）；第161-Ⅵ号法律（2018年6月20日颁布，自颁布之日起10日后实施）；第128-Ⅶ号法律（2022年6月20日颁布，自颁布之日起60日后实施）。

2. 授权机构的职能包括：

1）参与实施发明、实用新型、工业品外观设计法律保护方面的国家政策。

2）制定和批准：

工业产权客体申请的审查规则；

工业产权客体于相关国家发明注册簿、国家实用新型注册簿、国家工业品外观设计注册簿上的注册规则和保护文件及其副本的发放，认定专利权的无效和提前终止的规则；

在相关国家注册簿上登记专有权转让、对工业产权客体的使用权及开放或强制许可的规则；

相关国家注册簿摘录提供规则；

复审委员会异议复审规则；

根据哈萨克斯坦批准的国际条约进行的工业产权客体申请的审查规则；

关于认证委员会的规定；

关于复审委员会的规定；

关于复审管理委员会的规定。

3）确定在公报上公布工业产权客体注册相关信息的程序。

4）专利律师候选人认证及其在专利律师登记簿上的登记，专利律师登记簿中的除名，专利律师证书的无效，专利律师登记簿信息的注销。

5）组织认证委员会、复审委员会和复审管理委员会的活动。

6）履行本法、哈萨克斯坦其他法律、哈萨克斯坦总统和政府令规定的其他权力。

第4-1条 专家组织❶

1. 专家组织是根据哈萨克斯坦政府的决定，以国有企业的法律形式设立的以经济管理为基础的从属于授权机构的组织，履行下列职责：

1）审查工业产权客体申请；

2）在相关国家注册簿中注册工业产权客体，颁发保护文件及其副本，认定专利的无效和提前终止；

---

❶ 根据哈萨克斯坦第586号法律（2004年6月9日颁布）予以增补。根据161-Ⅵ号法律（2018年6月20日颁布，自颁布之日起10日后实施）予以修订。

3）在相关国家注册簿上登记专有权的转让，授予工业产权客体使用权及开放或强制许可；

4）保存相关国家注册簿和公报，并将这些信息发布在该组织的网站上；

5）提供相关国家注册簿的摘录；

6）在公报上公布工业产权客体注册的相关信息；

7）基于利害关系人的请求，查询关于工业产权客体注册的信息；

8）审议根据哈萨克斯坦批准的国际条约提交的申请；

9）开展哈萨克斯坦法律未禁止的其他活动。

2. 专家组织与授权机构协商确定关于工业产权客体保护的服务价格，但须全额支付专家组织的服务费，确保其活动支出和自身收入达到收支平衡。

第5条 工业产权客体的法律保护❶

1. 对发明、实用新型和工业品外观设计专利权进行保护。

2. 实用新型专利权根据对实用新型专利申请的审查结果授予。

发明或者工业品外观设计专利权在对申请进行形式审查和实质审查之后授予。

专利权确认工业产权客体的优先权、发明人和专有权。

3. 发明专利权有效期为 20 年，自申请日起计算。

有关按照哈萨克斯坦法律规定需要审批的药品或者杀虫剂的发明，其专利权有效期间可应专利权人的请求延长，但不得超过 5 年。

上述期限延长的时间应自提交发明专利申请之日起到获得授权之日止减去 5 年。

实用新型专利权自提交申请之日起 5 年内有效。其效力经专利权人请求可延长，但不得超过 3 年。

外观设计专利权自提交申请之日起 10 年内有效。其效力经专利权人请求，每次可延长 5 年。在这种情况下，专利权的总有效期不得超过自提交申

---

❶ 根据哈萨克斯坦下列法律予以修订：第 856 号法律（2004 年 7 月 9 日颁布）；第 237 号法律（2007 年 3 月 2 日颁布，自颁布之日起实施）；第 537 - Ⅳ号法律（2012 年 1 月 12 日颁布，自颁布之日起 10 日后实施）；第 239 - Ⅴ号法律（2014 年 9 月 29 日颁布，自颁布之日起 10 日后实施）；第 300 号法律（2015 年 4 月 7 日颁布，自颁布之日起 10 日后实施）；第 161 - Ⅵ号法律（2018 年 6 月 20 日颁布，自颁布之日起 10 日后实施）；第 268 - Ⅵ号法律（2019 年 10 月 28 日颁布，自颁布之日起 10 日后实施）；第 128 - Ⅶ号法律（2022 年 6 月 20 日颁布，自颁布之日起 60 日后实施）。

请之日起25年。

4. 专利权的法律保护范围由此确定的：发明和实用新型专利由其权利要求书确定，工业品外观设计专利由产品外观图像所描述的全部基本特征确定。说明书和图纸可用于解释发明和实用新型专利的权利要求。

授予制造产品的方法保护证书的效力延及该方法直接获得的产品。

如无相反证明，新产品应视为使用受保护方法制造所得。

5. 被授予保护证书的权利、登记产生的权利、拥有保护证书的权利和保护证书产生的权利可整体或者部分转让给他人。

6. 根据本法，不能对已被国家认定为秘密的工业产权客体提供法律保护。针对秘密工业产权客体的程序由授权机构制定。

第2章　工业产权客体授予专利权的条件

第6条　授予发明专利权的条件[1]

1. 发明具备新颖性、具有创造性进步且能够实现工业应用的，应被授予法律保护。

如果1项发明不同于现有技术，应视为具备新颖性。

如果1项发明对该技术领域的人员而言，与现有技术相比并非显而易见，则具备创造性。

现有技术指发明优先权日以前在世界范围内公开出版和为公众所知的任何信息。

在确定发明的新颖性时，现有技术也应包括在优先权日之前，由其他申请人在哈萨克斯坦提交的所有发明和实用新型的申请（撤回的除外）和已经授予专利权的发明和实用新型。

一项发明如果能在工业、农业、公共健康和其他经济部门应用，则被认为具备实用性。

2. 任何领域内与产品（装置、物质、微生物品种、动植物细胞培养）、方法（利用物质资源作用于实物的过程）相关的技术方案，以及已知产品或者方法的新用途，或者新产品的特定用途，均可按发明进行保护。

---

[1] 根据哈萨克斯坦下列法律予以修订：第237号法律（2007年3月2日颁布，自颁布之日起实施）；第537-Ⅳ号法律（2012年1月12日颁布，自颁布之日起10日后实施）；第128-Ⅶ号法律（2022年6月20日颁布，自颁布之日起60日后实施）。

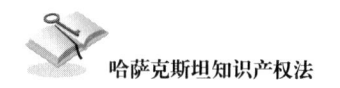

3. 下列各项不能被认定为发明专利：

1）发现、科学理论和数学方法；

2）组织和管理经济的方法；

3）符号、表格、规则；

4）智力活动及竞赛的规则和方法；

5）计算机软件和算法；

6）构筑物、建筑物的设计图，地图；

7）仅与产品外观相关的方案；

8）违反公共利益、人道主义原则或者道德的方案。

3-1. 下列方法不得授予专利权：

1）克隆产物和克隆人的方法；

2）改变人类种系细胞遗传完整性的方法；

3）将人类胚胎用于商业、军事和工业用途的方法。

4. 由申请人（发明人）或者任何从其直接或者间接获得信息的人公开披露的发明相关信息，包括在官方举办或者认可的由《巴黎公约》成员国组织的国际展览会上作为展品展出，如果该发明在上述披露信息或者展会展览后6个月内提出专利申请，不影响发明的可专利性。前述举证责任由申请人承担。

第7条 授予实用新型专利权的条件❶

1. 实用新型包括在任何领域内与产品（装置、材料、微生物品种、动植物细胞培养）、方法（利用物质资源作用于实物的过程）相关的技术方案，以及除对人类或者动物进行诊断、治疗和外科手术方法外的已知产品或者方法的新用途。

如果1项实用新型具备新颖性并能够进行工业应用，应授予法律保护。

如果1项实用新型的全部必要特征未被现有技术涵盖，则其具备新颖性。

现有技术包括在该实用新型的优先权日之前在世界范围内出版的和任何能使公众知晓的相同用途的技术信息，以及在优先权日之前提交哈萨克斯坦的发明和实用新型申请（撤回的除外）和已经授权的具有相同用途的发明和实用新型。

---

❶ 根据哈萨克斯坦下列法律予以修订：第300-Ⅴ号法律（2015年4月7日颁布，自颁布之日起10日后实施）；第128-Ⅶ号法律（2022年6月20日颁布，自颁布之日起60日后实施）。

实用新型若能实际应用则具备实用性。

2. 由申请人（发明人）或者任何从其处直接或者间接获得信息的人公开披露的实用新型相关信息，包括在官方举办或者认可的由《巴黎公约》成员国组织的国际展览会上作为展品展出，如果该实用新型在上述信息披露或者展览后 6 个月内提出专利申请，将不会影响实用新型的新颖性，前提是提交实用新型申请的时间不晚于其公开或展示之日起 6 个月。前述举证责任由申请人承担。

3. 与本法第 6 条第 3 款、第 3–1 款中所列客体有关的方案不得作为实用新型受到保护。

第 8 条　授予工业品外观设计专利权的条件[❶]

1. 构成工业和手工艺产品外观的艺术设计方案属于外观设计。如果外观设计具备新颖性和创造性，则应受到法律保护。如果 1 项体现在图片和列举在清单中的外观设计的全部必要特征在优先权日之前不是全世界公有领域的信息，则其具备新颖性。在认定外观设计新颖性时，应考虑优先权日前在哈萨克斯坦国内由其他人提出的外观设计申请（已撤回的除外）以及被授予专利权的外观设计。如果其必要特征使产品具有独创性，则外观设计具备创造性。

2. 下列外观设计方案不得授予专利权：

1）仅由产品的技术功能决定的；

2）与建筑作品（小型建筑造型除外）以及工业、水利和其他固定结构相关的；

3）根据哈萨克斯坦第 537–Ⅳ号法律（2012 年 1 月 12 日颁布，自颁布之日起 10 日后实施）废除；

4）与液体、气体、颗粒物和类似物质等不具有固定形态的物质相关的；

5）违反公共利益、人道主义原则或者道德的产品。

3. 由申请人（设计人）或者任何从其直接或者间接获得信息的人披露的外观设计相关信息，包括在官方举办或者认可的由《巴黎公约》成员国组织的国际展览会上作为展品展出，如果该外观设计在上述信息公开披露或者展

[❶] 根据哈萨克斯坦下列法律予以修订：第 537–Ⅳ号法律（2012 年 1 月 12 日颁布，自颁布之日 10 日后实施）；第 300–Ⅴ号法律（2015 年 4 月 7 日颁布，自颁布之日起 10 日后实施）；第 161–Ⅵ号法律（2018 年 6 月 20 日颁布，自颁布之日起 10 日后实施）。

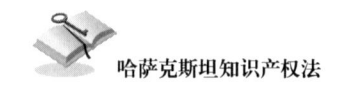

览后 6 个月内提出专利申请，将不会影响其新颖性。前述举证责任由申请人承担。

第 3 章 发明人和专利权人

第 9 条 工业产权客体的发明人❶

1. 创造出工业产权客体的自然人应被认定为发明人。

2. 多个自然人共同创造工业产权客体的，应被视为发明人（共同发明人），其权利的行使由他们通过合同约定。

如果没有对工业产权客体作出创造性贡献，仅为发明人提供技术、组织或者物质帮助，或仅对工业产权的形成和工业品的应用作出贡献的个人，不应被认定为共同发明人。

3. 发明人权是不可剥夺的人身权，应无限期受到保护。

4. 根据哈萨克斯坦第 300－Ⅴ号法律（2015 年 4 月 7 日颁布，自颁布之日起 10 个日历日届满时实施）废除。

5. 为了宣传和支持哈萨克斯坦的发明活动，授权机构与科学领域和创新活动国家支持领域的授权机构和其他相关机关一起草拟并决定年度"Shapaghat"*竞赛的举办章程，以挑选具有社会和经济意义、有竞争力、环保安全的发明，并向最重要和最被广泛应用发明的发明人授予"荣誉发明家"称号。

第 10 条 专利权人❷

1. 保护证书应授予：

---

* 该单词在俄语中为"Шапағат"，是由哈萨克斯坦司法部和哈萨克斯坦国家知识产权局共同举办的一项发明竞赛，主要目的是支持哈萨克斯坦科学家的发明活动和该国企业的杰出成就，竞赛提名有"哈萨克斯坦荣誉发明家"、"年度发明"、"女发明家"、"最佳创新公司"、"青年发明家"（针对 18—35 岁的青年科学家和学生）和"青年才俊"（针对 10—18 岁的在校学生），竞赛优胜者可获得金额不等的奖金、奖章和证书等奖励，在哈萨克斯坦国内颇有影响力。

❶ 根据哈萨克斯坦下列法律予以修订：第 537－Ⅳ号法律（2012 年 1 月 12 日颁布，自颁布之日起 10 日后实施）；第 239－Ⅴ号法律（2014 年 9 月 29 日颁布，自颁布之日起 10 日后实施）；第 300－Ⅴ号法律（2014 年 4 月 7 日颁布，自颁布之日其 10 日后实施）；第 161－Ⅵ号法律（2018 年 6 月 20 日颁布，自颁布之日起 10 日后实施）；第 128－Ⅶ号法律（2022 年 6 月 20 日颁布，自颁布之日起 60 日后实施）。

❷ 根据哈萨克斯坦下列法律予以修订：第 179－Ⅳ号法律（2009 年 7 月 10 日颁布，生效程序见第 2 条）；第 300－Ⅴ号法律（2015 年 4 月 7 日颁布，自颁布之日起 10 日后实施）；第 382－Ⅴ号法律（2015 年 10 月 31 日颁布，自颁布之日起 10 日后实施）。

1）工业产权客体的 1 名或多名发明人；

2）本条第 2 款规定情况中的雇主；

3）继承人，包括受让人；

4）按照本款规定各方同意共同享有权利的人。

2. 职务工业产权客体保护证书的权利属于雇主，但雇主与雇员在合同中另有约定的除外。

3. 如果完成发明、实用新型和外观设计既非履行工作职责，也非完成雇主交给的特别任务，仅利用了属于雇主的信息、原材料以及技术和其他设备，则该获得保护证书的权利应授予发明人，但雇员与雇主在合同中另有约定的除外。

在职务工业产权客体是由多人共同完成，其中 1 人不是该雇主的雇员的情况下，此人有关职务工业产权客体的权利由其与前述雇主和其他发明人通过合同约定。

在职务工业产权客体是由发明人根据 2 个或者 2 个以上雇主之间的协议共同完成的情况下，依照该约定确认各雇主对上述工业产权客体的相关权利。

4. 在发明人创造职务工业产权客体的情况下，发明人应自其披露创造工业产权客体之日起 1 个月之内书面通知雇主该事实。

通知应由发明人签名并包含下列信息：

1）发明人的姓氏、名字、父称（如有）和职位；

2）职务工业产权客体的名称；

3）发明的情况和地点，预期用途；

4）充分描述展现该发明、确定其分类和评估工业产权客体可专利性的说明书。

雇主有义务在发明人提交通知当天接收并登记职务工业产权客体信息，并就此事书面通知发明人。

如果说明书和申请登记所需的其他信息不够完备，雇主有权要求雇员自收到通知后 1 个月内提供补充资料。在这种情况下，本条第 7 款规定的最后期限应暂停计算，并自收到要求信息起恢复计时。

5. 若雇主未得到雇员有关雇主有权获得保护证书的职务发明创造的通知，则本条第 7 款要求的期限应从雇主知晓该发明时起算。

如果创造职务工业产权客体的事实被雇主发现，他有义务书面通知发明人。由此，若授予保护证书的权利属于雇主，则雇主应通知发明人启动申请；

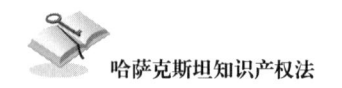

而发明人应雇主的要求，提供进行职务工业产权客体申请所需的附加书面信息，以及所有发明人的名单。

6. 在雇主提交申请后若未获得职务发明保护证书或者未能维持保护证书有效的情况下，应书面通知发明人该情况并无偿给予发明人获得保护证书的权利或者已获得的保护证书。

7. 在雇主自收到发明人通知后4个月内未提交专利申请，未将其申请权转让给他人，也未告知发明人其将该工业产权客体作为秘密保护的决定的情况下，发明人拥有被授予保护证书的权利。在这种情况下，雇主根据其与专利权人的合同，拥有在自行生产中优先使用相应专利的权利。

8. 任何一方为保护其在职务工业产权客体方面的权利，均无权向专家组织提交授予保护证书的申请，除非已就此通知对方。

9. 对职务发明、实用新型或者外观设计的发明人发放报酬的金额、条件和程序应由其与雇主通过协议约定。若无法衡量发明人和雇主各自对该职务发明、实用新型或者外观设计的贡献，则依照哈萨克斯坦的法律确定发放发明人报酬的金额、条件和程序。

第4章 工业产权客体的专有使用权

第11条 工业产权客体的专有使用权和授予非独占强制许可的条件[1]

1. 专利权人享有自行酌情使用受保护的工业产权客体的权利。

专利权人自官方公报公布授予保护证书信息之日起，在保护证书有效期间有权行使利用受保护的工业产权客体的专有权。

2. 工业产权客体的使用包括以商业目的制造、使用、进口、许诺销售、销售以及其他任何形式的流通或者为以上目的储存含有工业产权客体的产品以及使用受保护的方法。

如果产品或者方法包含发明或者实用新型独立权利要求中的每个必要特征，或者从开始使用之日起与已知的技术特征等同，则被保护的发明或者实用新型被视为在产品或者方法中使用。

---

[1] 根据哈萨克斯坦下列法律予以修订：第537－Ⅳ号法律（2012年1月12日颁布，自颁布之日起10日后实施）；第300－Ⅴ号法律（2015年4月7日颁布，自颁布之日起10日后实施）；第365－Ⅴ号法律（2015年10月27日颁布，自颁布之日起10日后实施）；第161－Ⅵ号法律（2018年6月20日颁布，自颁布之日起10日后实施）。

将直接用受保护方法制造的产品投入商业流通或者以此目的存储上述产品，应被认定为使用受保护方法制备产品。

产品外观包含受保护的工业品外观设计的必要特征，应认定该产品使用了受保护的工业品外观设计。

3. 专利权人应使用该工业产权客体。

在有关使用工业产权客体的关系上，当保护证书属于2个以上的人时，他们应通过协议约定专利权的行使。如果没有协议，则每个专利权人都有权自己使用受保护的工业产权客体；但若未征得其他专利权人的同意，则无权许可或者转让保护证书给他人。

专利权人有权使用警示标志，表明该工业产权客体已被授予专利权。

4. 专利权人自第一次授权公告后，申请送达之日前连续3年未使用其专利，并且在被请求后90天内拒绝以合理的商业条件许可他人使用，则任何人均可申请法院颁发非独占强制许可。专利权人未证明不使用是基于正当理由的，法院应颁发上述许可，确定使用的范围、时间，以及支付报酬的数量和程序。报酬应不低于根据既定实践确立的该许可的市场价值。

下列情况也应颁发非独占强制许可：

1）基于保障国家安全或者公共健康的需要；

2）专利权人滥用其专利权，或者帮助、纵容他人滥用该专利权。

根据本款规定涉及半导体技术的发明专利非独占强制许可，仅在为国家和公共利益非商业使用或者司法机关为矫正违反哈萨克斯坦反竞争法的实施行为的情况下颁发。

除非根据哈萨克斯坦批准的国际条约，请求对药品或者药品生产方法的许可是为将专利药品或者经专利方法制成的药品出口到缺乏生产能力或者生产能力弱的国家，否则任何非独占强制许可的颁发应主要为满足哈萨克斯坦国内的需求。

获得非独占强制许可的人可以转让使用工业产权客体的权利，但应与使用该客体的相关企业一并转让。

法院在非独占强制许可的理由消除时终止该许可。

5. 在不侵犯他人工业产权客体保护证书的情况下就无法使用专利，而他人拒绝以合理的商业条件缔结许可合同时，专利权人有权请求法院颁发非独占强制许可，在哈萨克斯坦国内使用该工业产权客体。

若专利权人在不侵犯他人保护证书的情况下无法使用自己的工业产权客

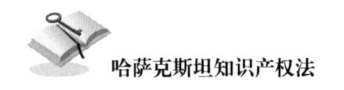

体，在证明该工业产权客体相比他人的具有重要的技术进步和更重要经济优势后，法院可决定颁发给他非独占强制许可。

颁发上述强制许可时，法院应确定使用属于他人的保护证书的工业产权客体的范围、期限，支付报酬的条件、数量和程序。报酬不应低于根据既定实践确立的该许可的市场价值。

根据本款获得使用工业产权客体的权利可以转让，但只能和与该授权相关的工业产权客体的保护证书一并转让。

按照规定颁发强制许可后，保护证书所有人获得依此许可使用专利的权利，也有权依此许可获得使用与该专利相关的从属发明的许可。

6. 被哈萨克斯坦第161－Ⅵ号法律（2018年6月20日颁布，自颁布之日起10日后实施）废除。

7. 被哈萨克斯坦第161－Ⅵ号法律（2018年6月20日颁布，自颁布之日起10日后实施）废除。

8. 被哈萨克斯坦第161－Ⅵ号法律（2018年6月20日颁布，自颁布之日起10日后实施）废除。

9. 被哈萨克斯坦第161－Ⅵ号法律（2018年6月20日颁布，自颁布之日起10日后实施）废除。

10. 被哈萨克斯坦第161－Ⅵ号法律（2018年6月20日颁布，自颁布之日起10日后实施）废除。

11. 被哈萨克斯坦第161－Ⅵ号法律（2018年6月20日颁布，自颁布之日起10日后实施）废除。

12. 被哈萨克斯坦第161－Ⅵ号法律（2018年6月20日颁布，自颁布之日起10日后实施）废除。

13. 被哈萨克斯坦第161－Ⅵ号法律（2018年6月20日颁布，自颁布之日起10日后实施）废除。

14. 工业产权客体的保护证书和/或获得保护证书的权利可被继承或者继受。

15. 专利权人应在申请日的对应日缴纳规定的专利维持年费。

首次维持保护证书有效的费用应在公告授予保护证书后2个月内缴纳，包括自申请日起算的费用。

16. 在哈萨克斯坦境内欧亚专利的维持费用的金额由授权机构确定。

第11-1条　工业产权客体专有权的转让❶

1. 根据转让合同，专利所有人有权将属于自己的工业产权客体专有权转让给其他自然人或法人。

转让工业产权客体专有权的合同应在上述专有权有效期内以书面形式签订。

2. 工业产权客体专有权的转让应在相关国家注册簿登记。

第12条　不视为侵犯专利权的行为❷

下列行为不构成对专利权的侵犯：

1) 国外建筑物或者运输工具中（船舶、飞机、车辆和宇宙飞船）使用的产品包含受保护工业产权客体，只要运输工具是临时停靠在哈萨克斯坦境内，且上述产品只为运输用途使用。如果运输工具现在属于该国自然人或者法人所有，且该国向哈萨克斯坦的运输工具所有人授予了相同的权利，则这些行为不视为对专利权的侵犯；

2) 不以营利为目的使用含有受保护工业产权客体的产品进行科学研究或者科学实验；

3) 在极端状况下（自然灾害、灾难和重大事故）使用该产品，但立即告知专利权人并给予适当补偿；

4) 不以营利为目的的个人、家庭或者出于其他与商业性活动无关的需求使用该产品；

5) 紧急情况下根据医师处方在药房一次性制造药品；

6) 进口至哈萨克斯坦，使用、许诺销售、销售及其他以商业目的而流通，或者为了上述目的存储含有工业产权客体的产品，若这些专利产品之前已经由专利权人或经专利权人授权的其他人同意或者授权在哈萨克斯坦商业流通。

第13条　在先使用权和临时法律保护❸

1. 任何人在工业产权客体优先权日之前独立于发明人发明并在哈萨克斯

---

❶ 根据第161-Ⅵ号法律（2018年6月20日颁布，自颁布之日起10日后实施）予以增补。

❷ 根据哈萨克斯坦下列法律予以修订：第537-Ⅳ号法律（2012年1月12日颁布，自颁布之日起10日后实施）；第365-Ⅴ号法律（2015年10月27日颁布，自颁布之日起10日后实施）。

❸ 根据哈萨克斯坦下列法律予以修订：第585号法律（2004年7月9日颁布）；第237号法律（2007年3月2日颁布，自颁布之日起实施）；第300-Ⅴ号法律（2015年4月7日颁布，自颁布之日起10日后实施）。

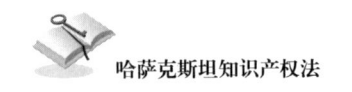

坦境内善意使用相似技术，或者为使用做了必要准备，只要使用范围不扩大，有权继续免费使用（先用权）。

先用权仅可和使用相似技术的企业或者为使用做了必要准备的企业一并转让给他人。

2. 任何人在受保护的工业产权客体优先权日之后，但在发明、外观设计、实用新型专利授权公告日之前，已经使用该工业产权客体，应按专利权人的要求停止使用。前述使用人无须赔偿专利权人因该使用造成的损失。

3. 在官方举办或者认可的国际展览会上展览的工业产权客体，只要其保护工业产权客体的申请在展览开始后 6 个月内提交，则从展览之日到首次授予保护证书公告期间享有临时法律保护。

4. 任何个人在本条第 3 款规定的期间使用该工业产权客体，应在该专利被授予保护证书后对专利权人给予补偿。补偿金额由双方协商确定。

当事人可通过和解协议终止案件，或者协议通过仲裁程序解决纠纷，该协议需当事人签字并经法院批准。

第 14 条　授权使用工业产权客体❶

1. 除专利权人（许可人）外的任何人，基于许可合同及包括许可条款（许可合同）的综合商业许可或其他合同，经专利权人（许可人）同意有权使用工业产权客体。

2. 根据许可合同，专利权人可授权被许可人下列权利：

1）使用工业产权客体的权利，同时许可人保留所有源自保护证书的权利，包括授予第三方许可的权利（普通非排他许可）；

2）使用工业产权客体的权利，许可人保留上述权利但无权授予第三方许可（排他许可）；

3）使用工业产权客体的权利，同时许可人既不保留使用专利的权利，也不能授予第三方许可（独占许可）。

许可合同条款中未明确约定工业产权客体使用权的，视为授予普通非排他许可。

许可合同未约定的，被许可人有权在哈萨克斯坦境内使用工业产权客体。

---

❶ 根据哈萨克斯坦第 161-Ⅵ号法律（2018 年 6 月 20 日颁布，自颁布之日起 10 日后实施）予以修订。

工业产权客体使用权的有效期由许可合同约定，并可在双方共同协商下延长。

工业产权客体专有权的终止导致许可合同终止。

被许可人有权基于转许可合同或受许可合同条款约束的综合商业转许可合同将工业产权客体使用权转让他人（转被许可人）。转被许可人应就转让行为对被许可人负责，合同另有规定的除外。

工业产权客体专有权的转让不导致许可合同的终止。

3. 授权使用工业产权专有权的合同和补充协议以书面形式签订并应在相应国家注册簿中登记。

第14-1条 专有权的转让登记和工业产权的授予条件[1]

1. 专有权的转让登记和工业产权的授予于收到合同双方申请之日起10个工作日内录入相应的国家注册簿。

不符合书面形式和/或登记要求的，合同无效。

2. 因合同终止或根据法院生效判决注销登记而变更相应国家注册簿中录入信息的，应在收到合同双方申请之日起1个工作日内完成。

自收到利害关系人申请之日起1个工作日内，在向合同另一方发送书面通知的情况下，可在不改变登记信息的隶属关系、性质和内容的情况下，修改其技术性错误。

3. 暂缓登记的理由如下：

1) 处于工业产权有效期终止的恢复期内；

2) 提交文件不完整或提交文件中的信息不一致；

3) 提交文件中的信息与相应国家注册簿或与哈萨克斯坦批准的国际条约注册簿中的信息不一致。

4) 合同中存在与哈萨克斯坦法律和哈萨克斯坦批准的国际条约相抵触的条款。

4. 申请人知晓本条第3款中所述情形后，可请求更正。自发送该请求之日起暂缓登记3个月。

5. 不予登记的理由如下：

---

[1] 根据哈萨克斯坦第161-Ⅵ号法律（2018年6月20日颁布，自颁布之日起10日后实施）予以增补。根据哈萨克斯坦第128-Ⅶ号法律（2022年6月20日颁布，自颁布之日起60日后实施）予以修订。

1）工业产权客体专有权有效期终止的恢复期届满；

2）暂缓登记理由的消除期限届满；

3）收到的登记申请由非合同缔结方发出；

4）许可合同或其补充协议未登记；

5）申请人有过阻碍授予工业产权的行为。

第14－2条　开放许可❶

1. 专利权人可向专家组织申请向他人转让工业产权专有权（开放许可）。

2. 专利权人关于开放许可的授权不得撤回并自登记之日起3年内有效。在上述期间，维持保护证书的费用自在相应国家注册簿上登记之年的次年起减少50%。

3. 有意获得开放许可的人应以书面形式与专利权人签订相应合同。

有关合同纠纷由法院审查。

4. 开放许可的授权应于收到专利权人或补充必要文件的利害关系人申请之日起1个工作日内登记。

第15条　侵犯专利权的行为❷

1. 任何人违反本法规定使用受保护的工业产权客体，应被视为侵犯专利权（保护证书侵权人）。

未经授权为商业目的制造、使用、进口、存储、许诺销售、销售及其他流通含有受保护工业产权客体的产品，以及使用受保护方法或者为商业目的将直接由该方法获得的产品投入流通，视为侵犯专利权人的专有权。若无相反证据，新产品应视为使用受保护的专利方法所制造。

2. 受侵害的专利权人有权要求：

1）停止侵犯保护证书的行为；

2）侵权人赔偿权利人自首次公告授权保护信息之日起所遭受的损害，包括精神损害；

3）获得未经授权使用受保护工业产权客体所得的利润，以代替自公告授予保护证书之日起遭受的损害赔偿；

---

❶ 根据哈萨克斯坦第161－Ⅵ号法律（2018年6月20日颁布，自颁布之日起10日后实施）予以增补。

❷ 根据哈萨克斯坦第586号法律（2004年6月9日颁布）予以修订。

4）侵权人按法律规定以每月 10000—50000 坚戈为标准赔偿权利人。赔偿金额由法院决定，相当于所遭受的损失或者所得利润；

5）扣押自专利授权公告之日起以营利为目的进入商业流通的侵权产品或者为商业目的存储的侵权产品，以及特别为侵犯保护证书而准备的原料；

6）强制性公布侵权信息，包括被侵权人的详情。

3. 对保护证书侵权人的要求也可由被许可人提出，但许可合同另行规定的除外。

第 5 章　获得保护证书的程序

第 16 条　授予保护证书的申请❶

1. 授予保护证书的申请应根据本法第 10 条第 1 款的规定由有资格获得保护证书的人（以下简称"申请人"）向专家组织提出。

2. 请求授予保护证书的申请书应用哈萨克语或者俄语书写。其他申请材料可用哈萨克语、俄语或者其他语种书写。在其他材料用哈萨克语或者俄语以外的文字书写的情况下，申请应随附其他材料的哈萨克语或者俄语翻译。翻译材料应在专家组织收到用其他语言书写的材料后 2 个月内提交。在缴纳规定费用后，该期限可予以延长，但不得超过 2 个月。

如果申请人未在规定时间内提交翻译材料，视为未提交申请。

3. 授权机构或者专家组织在公告授予保护证书之前不得允许第三方查看申请书，哈萨克斯坦法律另有规定的除外。

第 17 条　授予发明保护证书的申请❷

1. 授予发明保护证书的申请（以下简称"发明申请"）只能关于 1 项发明或者能形成 1 项发明概念的一组发明（发明的单一性要求）。

---

❶ 根据哈萨克斯坦下列法律予以修订：第 586 号法律（2004 年 7 月 9 日出版）；第 237 号法律（2007 年 3 月 2 日出版，自出版之日起实施）；第 537 - Ⅳ号法律（2012 年 1 月 12 日出版，自出版之日起 10 日后实施）；第 300 - Ⅴ号法律（2015 年 4 月 7 日出版，自出版之日起 10 日后实施）；第 161 - Ⅵ号法律（2018 年 6 月 20 日出版，自出版之日起 10 日后实施）。

❷ 根据哈萨克斯坦下列法律予以修订：第 586 号法律（2004 年 7 月 9 日颁布）；第 237 号法律（2007 年 3 月 2 日颁布，自颁布之日起实施）；第 537 - Ⅳ号法律（2012 年 1 月 12 日颁布，自颁布之日起 10 日后实施）；第 161 - Ⅵ号法律（2018 年 6 月 20 日颁布，自颁布之日起 10 日后实施）；第 128 - Ⅶ号法律（2022 年 6 月 20 日颁布，自颁布之日起 60 日后实施）。

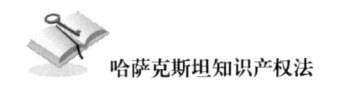

2. 发明申请应包含下列内容：

1）请求授予保护证书的申请书，注明发明人和拟授予保护证书人的姓名及其居所或者营业地的地址；

2）说明书，完整、充分披露使该领域专家能够实施的发明细节；

3）权利要求书，陈述专利的技术特征。权利要求应清楚而准确，能被说明书完全支持；

4）理解披露信息所必需的附图和其他资料；

5）摘要；

6）委托书，若申请通过代理人提交；

7）被哈萨克斯坦第237号法律（2007年3月2日颁布）废除。

申请应随附在收到申请之日起2个月内按规定缴费的证明和确认减免缴纳费用的文件。

在规定期限内没有提交包含证明缴纳规定费用的文件的，视为未提交申请。

3. 发明申请的申请日为专家机构收到本条第2款1）项、2）项和4）项规定的资料之日，资料未同时提交的，申请日为收到最后一项资料之日。

4. 被哈萨克斯坦第161－Ⅵ号法律（2018年6月20日颁布，自颁布之日起10日后实施）废除。

第18条 授予实用新型专利权的申请[①]

1. 授予实用新型专利的申请（以下简称"实用新型申请"）只能是关于1项实用新型或者能形成一项创造概念的一组实用新型（实用新型的单一性要求）。

2. 实用新型申请应包含下列内容：

1）授予专利权的申请书，注明实用新型发明人和拟授权人的姓名及其居所或者营业地；

2）说明书，应完整、充分披露实用新型细节使其能够被制造；

3）权利要求书，陈述实用新型的技术特征，且能被说明书完全支持；

[①] 根据哈萨克斯坦下列法律予以修订：第586号法律（2004年7月9日颁布）；第237号法律（2007年3月2日颁布，自颁布之日起实施）；第537－Ⅳ号法律（2012年1月12日颁布，自颁布之日起10日后实施）；第161－Ⅵ号法律（2018年6月20日颁布，自颁布之日起10日后实施）；第128－Ⅶ号法律（2022年6月20日颁布，自颁布之日起60日后实施）。

4）附图；

5）摘要；

6）委托书，如申请通过代理人提出。

实用新型申请应附缴纳规定费用的证明，和确认减免缴纳费用的文件，该证明和文件与申请书一并提交或者自申请书收到后2个月内提交。

申请人在规定期限内没有提交证明缴纳规定费用的文件的，视为未提交申请。

3. 实用新型专利申请的申请日为专家组织收到授予实用新型专利申请之日，申请书注明申请人的姓氏、名字、父称（如有）或者申请人的全称，说明书和附图。没有同时提交指定资料的，申请日为收到最后1项资料之日。

4. 被哈萨克斯坦第161-Ⅵ号法律（2018年6月20日颁布，自颁布之日起10日后实施）废除。

第19条　授予工业品外观设计专利权的申请❶

1. 授予工业品外观设计专利的申请（以下简称"外观设计申请"）只能是关于1项工业品外观设计或者能满足外观设计一致性要求的一组外观设计。

2. 外观设计申请应包含下列内容：

1）授予专利权的申请书，注明发明人和拟授予外观设计专利权人的姓名及其居所或者营业地；

2）复制产品外观的一套制品，全面详细呈现该设计的外观特征；

3）被哈萨克斯坦第237号法律（2007年3月2日）废除；

4）工业品外观设计说明书；

5）委托书，如果申请通过代理人提出。

外观设计申请应附缴纳规定费用的证明，和确认减免缴纳费用的文件，该证明和文件与申请书一并提交或者自申请书收到后2个月内提交。

申请人在规定期限内没有提交包含证明缴纳规定费用的文件的，视为未提交申请。

3. 外观设计申请的申请日为专家组织收到授予外观设计专利申请之日，

---

❶ 根据哈萨克斯坦下列法律予以修订：第586号法律（2004年7月9日颁布）；第237号法律（2007年3月2日颁布，自颁布之日起实施）；第537-Ⅳ号法律（2012年1月12日颁布，自颁布之日起10日后实施）；第161-Ⅵ号法律（2018年6月20日颁布，自颁布之日起10日后实施）；第128-Ⅶ号法律（2022年6月20日颁布，自颁布之日起60日后实施）。

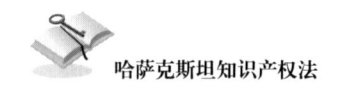

注明申请人的姓氏、名字、父称（如有）或者申请人的全称，说明书、制品图像（模型）。这些资料没有同时提交的，申请日为收到最后一项资料之日。

4. 被哈萨克斯坦第161－Ⅵ号法律（2018年6月20日颁布，自颁布之日起10日后实施）废除。

第20条 工业产权客体的优先权❶

1. 工业产权客体的优先权应根据本法第17条第3款、第18条第3款和第19条第3款规定的工业产权专利申请日期决定。

2. 优先权可根据在《巴黎公约》成员国和《巴黎公约》规定的国际或者地区组织（公约优先权）首次提交申请的日期决定，前提是发明或者实用新型申请是在上述申请日后12个月内，外观设计专利申请在上述申请日后6个月内提交专家组织。如果因申请人不能控制的原因导致寻求公约优先权日的申请超出了规定时间，该期间最多可延长2个月。

利用公约优先权的申请人应在向专家组织申请时或者在专家组织收到申请材料后2个月内作出声明，并应附上首次申请的副本或者在专家组织收到申请后6个月内提供该材料。没有提供上述文件的，申请人将丧失公约优先权。在这种情况下，优先权应根据向专家组织提交申请的日期确定。

3. 若申请人在收到专家组织因补充材料对权利要求的技术方案作出实质性修改而不予审议的通知书之日起3个月内将其作为独立申请，且至申请之日，原申请未被撤回或者被视为撤回，则优先权日可根据收到被申请人作为分案申请提交的补充材料的日期决定。

4. 优先权可以由同一申请人向专家组织提交在先申请的日期决定，如果在先申请披露的专利在申请时未被撤回或者被视为撤回，并且要求优先权的申请书于在先发明申请日的12个月内，在先实用新型或者外观设计申请日6个月内提交的话。在这种情况下，在先申请应被视为撤回。

已存在优先权的申请不能以本次申请提交的日期确定优先权。

5. 如果分案申请是在对首次申请被驳回的最终决定作出之前且不可能申诉时提出，或者在专家组织已对首次申请作出授权决定但在哈萨克斯坦登记簿登记之前提出，则该分案申请的工业产权客体的优先权取决于有权基于首

---

❶ 根据哈萨克斯坦下列法律予以修订：第586号法律（2004年7月9日颁布）；第537号法律（2012年1月12日颁布，自颁布之日起10日后实施）。

次申请主张优先权的同一申请人向专家组织提交披露前述工业产权客体实质内容的首次申请的申请日。

6. 优先权可以分别根据本条第 2 款至第 5 款的规定在多个在先申请或者补充材料的基础上确定。

7. 如果相似专利要求同一天为优先权日，优先权日应根据可证明邮寄时间在先的申请确定，如果邮寄时间相同，则根据专家组织在先的登记编号确定。

第 21 条　申请人主动修正申请书❶

1. 在专家组织作出决定之前，申请人通过提交申请，有权在不改变工业产权客体权利要求实质部分的情况下对申请文件作出修改或者说明，也可以在转让专利申请权时变更申请人。

申请人在收到申请后 2 个月内作出如上修改的，无须支付费用。

2. 在工业产权客体录入国家登记簿之前，缴纳所需费用后，可以改变申请人以及修改申请文件中的技术错误。

第 22 条　发明申请的审查❷

1. 专家组织在收到申请后，应按本法第 17 条第 2 款 1）项、2）项和 4）项的规定核实所需文件是否提交且符合其规定条件，并确定申请日。若申请书不符合第 17 条第 2 款 1）项、2）项和 4）项的规定且未满足其规定条件，专家组织应通知申请人上述情况，并要求其在发出通知之日起 3 个月内提交缺失和/或修改的文件（数据）。如果申请人未在规定时间内提交所要求的和/或修改的文件（数据），视为未提交申请，并通知申请人该情况。

1-1. 确定发明专利的申请日后，专家组织开始进行形式审查。

形式审查期间，将核实本法第 17 条第 2 款规定的文件是否已经提交以及是否符合规定条件。

2. 当申请人按本法第 21 条规定提交有关申请的补充材料时，应审查是否修改了发明权利要求中专利的实质部分。

---

❶❷ 根据哈萨克斯坦下列法律予以修订：第 586 号法律（2004 年 7 月 9 日颁布）；第 237 号法律（2007 年 3 月 2 日颁布，自颁布之日起实施）；第 300－Ⅴ号法律（2015 年 4 月 7 日颁布，自颁布之日起 10 日后实施）。

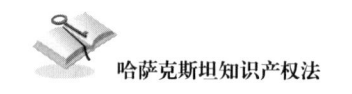

若补充材料包含了权利要求书中应有但没有在首次申请中被提及的特征，应认定修改了发明的实质部分。修改了发明权利要求实质部分的补充材料在审查中不予考虑，可以退回申请人作分案申请，并通知申请人。

3. 申请书中的文件不符合规定要求的，申请人应在收到要求后3个月内补齐修正或者缺失的文件。

如果申请人未在规定时间完成要求或者申请延长上述期限，视为撤回该申请。

4. 若申请书未遵循发明要求的单一性原则，申请人应在收到相应通知3个月内声明审查哪一方案，并在必要的情况下修改首次申请中的相应部分。首次申请中的其他方案可分案申请。分案申请的优先权应根据本法第20条第5款的规定确定。

若申请人未在收到违反单一性原则通知后3个月内声明审查哪一方案，并提供修订的文件，则只审查在权利要求书中第一次提及的方案，以及与其相关的满足发明单一性要求的方案。

5. 形式审查完成后应通知申请人审查结果。

6. 被哈萨克斯坦第237号法律（2007年3月2日颁布）废除。

7. 形式审查得到有利结果后，专家组织应进行实质审查。

实质审查包括确认要求保护的方案是否属于受法律保护的工业产权客体，有关发明的现有技术检索，确认要求授权的专利是否符合发明的单一性要求和本法第6条规定的可专利性标准。实质审查在缴纳实质审查费用后进行。

实质审查在自专家组织发出形式审查结果通知后3个月内，收到缴纳实质审查费用证明的情况下开始进行。

未缴纳费用的，视为撤销申请。

8. 实质审查期间，专家组织有权要求申请人提交对审查必不可少的补充材料，包括经修改的权利要求书。

专家组织要求的补充材料不应改变发明的实质部分，并应自专家组织要求或申请援引材料的副本发送之日起3个月内提供，上述副本是申请人自收到专家组织要求之日起2个月内所发。

补充材料修改发明实质部分的，适用本条第2款规定。申请人未在规定时间内提供要求材料或者申请延期的，视为撤回申请。

9. 实质审查结果是申请人在权利要求书中所述发明满足本法第6条规定

的发明专利权的条件的，专家组织应确定优先权日，作出授予发明专利的决定。

在授权机构通知申请人授予专利权决定之日起 3 个月内，申请人向专家组织呈递确认缴纳授予专利和公告费用的文件。若未能呈递上述文件，缴费时间在 3 个月内可因提交缴纳恢复期限费用的证明而恢复。否则应自恢复期限届满后 1 个月内通知申请人该申请视为撤回，申请程序停止。

10. 如果申请人在权利要求中所述发明不满足发明专利权的条件的，专家组织作出拒绝授予专利权的决定。

下列情况应作出拒绝授予专利权的决定：

1）申请涉及不受法律保护的客体的；

2）如果提交的权利要求书中包括首次申请中未提及的特征，或除法律保护的客体外还有不受法律保护的发明客体，或因不符合发明单一性要求而未被审查的情况下，申请人未修改权利要求书。

申请人可以在专家组织发出拒绝授予专利权的决定后 3 个月内向授权机构提出异议。复审委员会应在收到异议后 4 个月内对该异议进行审查。

11. 申请人在专家组织得出结论之前申请审查的任何阶段，均可提交授予实用新型专利的申请。在这种情况下，审查应根据本法第 23 条进行。

12. 申请人有权知晓审查者援引的全部资料。专家组织应在收到申请人请求后 1 个月内提供引用文件的副本。

13. 申请人未能遵守本条第 3 款、第 4 款、第 7 款、第 8 款和第 10 款规定时限的，在申请人提交缴纳规定费用的证明文件后，专家组织可以恢复错过的期限。

申请人可在不迟于期限届满的 12 个月内请求恢复错过的期限。申请人应在向专家机构提出上述请求时提交审查者要求的文件、缴费文件，或者向复审委员会提出异议。

本条第 3 款和第 8 款对要求的回复或者提交补充材料的时间限制可以应申请人在最后期限前提出的请求，在缴纳规定费用后最多延长至 6 个月，根据本条第 10 款提出异议的，延长时间自最后期限起不超过 3 个月。

13 – 1. 申请授予专利权的发明对社会有积极影响的，应申请人请求，对发明专利申请可以加速审查。

遵循本条第 1 款、第 1 – 1 款、第 2 款、第 3 款、第 4 款、第 5 款、第 7

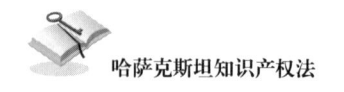

款和第 8 款要求的，在 6 个月内加速：

1）形式审查；

2）信息检索；

3）实质审查。

申请授予对社会有积极影响的专利权客体名录由授权机构确定。

14. 在审查期间若发现申请含有构成国家秘密的信息，应根据哈萨克斯坦有关国家秘密的法律所规定的程序，宣布该申请为秘密。

第 22-1 条　申请授予发明创新专利权的审查❶

第 23 条　实用新型申请的审查❷

1. 专家组织收到申请后，应核实是否具备按本法第 18 条第 2 款第 1 部分 1）项、2）项和 4）项规定提交的文件，并确定申请日。如果申请书未满足第 18 条第 2 款 1）项、2）项和 4）项规定的条件，专家组织应通知申请人上述情况，并要求在发出该通知之日起 3 个月内提交缺失的文件（数据）。若申请人未能在规定期限内提交要求的文件（数据），视为未提交申请，并通知申请人。

在审查期间，专家组织应核实是否具备按本法第 18 条第 2 款规定提交的文件，及其是否符合规定的条件，并确定实用新型的优先权日，审查要求授权的技术方案是否能作为实用新型获得保护以及确认实用新型的单一性。

对实用新型是否符合本法第 7 条第 1 款规定的授予专利权的条件不进行审查。由申请人承担专利授权的风险和责任。

2. 实用新型申请的审查按照本法第 22 条第 2 款、第 3 款、第 4 款和第 13 款规定进行。

审查结果是权利要求涉及的实用新型受法律保护，且文件符合规定条件的，专家组织作出授予实用新型专利权的结论。

申请人应自收到授权机构授予专利权决定之日起 3 个月内，向专家组织

---

❶ 根据哈萨克斯坦第 300-Ⅴ号法律（2015 年 4 月 7 日颁布，自颁布之日起 10 日后实施）予以废除。

❷ 根据哈萨克斯坦下列法律予以修订：第 586 号法律（2004 年 7 月 9 日颁布）；第 237 号法律（2007 年 3 月 2 日颁布，自颁布之日起实施）；第 537-Ⅳ号法律（2012 年 1 月 12 日，自颁布之日起 10 日后实施）；第 300-Ⅴ号法律（2015 年 4 月 7 日颁布，自颁布之日起 10 日后实施）；第 161-Ⅵ号法律（2018 年 6 月 20 日颁布，自颁布之日起 10 日后实施）。

呈递确认缴纳准备授予专利权和公告所需费用以及国家税费的文件。若申请人未能在规定期限呈递上述文件，缴费期限自申请恢复期限的缴费文件提交后3个月内恢复。否则申请视为撤回，申请程序终止，并自恢复期限届满1个月内通知申请人该情况。

3. 审查结果涉及要求保护方案的实用新型不受法律保护的，应作出拒绝授权的决定。同样，当申请人收到内容为权利要求包含首次申请中未提及的特征的通知后，未能修改实用新型权利要求的，或者除法律保护的方案之外还包含不受法律保护的方案，或者因不符合实用新型单一性要求而未被审查的，也应拒绝授权。

申请人有权在专家组织发出拒绝授予专利权的决定后3个月内向授权机构提出异议。复审委员会应在收到申诉后2个月内开始异议审查。

4. 为评估要求保护的实用新型的可专利性，申请人、专利权人以及任何第三方在审查过程中或者公告授权后的任何时间，可要求进行关于申请的现有技术检索。在这种情况下，适用本法第22条第11款的规定。

第24条 外观设计申请的审查[1]

1. 专家组织在收到外观设计专利授权申请后应进行形式审查和实质审查。

2. 形式审查核实按本法第19条第2款1）项、2）项和4）项规定所需文件是否全部提交，并确定申请日期和优先权日。

申请授予外观设计专利的文件不满足规定要求的，申请人在收到要求之日起3个月内提供修改或者缺失的文件。

申请人没有在规定时间满足要求或者申请延长上述期限的，视为撤回申请，同时告知申请人。该期限在缴纳适当费用后可以延长，但不得超过3个月。

在审查期间，根据本法第21条规定提交与申请相关的补充材料的，应确认其是否修改了要求保护的工业品外观设计客体。

补充材料若包含未在首次申请中提及的特征，视为修改了申请保护的外观设计客体。修改了要求保护的外观设计的补充材料在审查中不予考虑，可

---

[1] 根据哈萨克斯坦下列法律予以修订：第237号法律（2007年3月2日颁布，自颁布之日起实施）；第537-Ⅳ号法律（2012年1月12日，自颁布之日起10日后实施）；第300-Ⅴ号法律（2015年4月7日颁布，自颁布之日起10日后实施）；第161-Ⅵ号法律（2018年6月20日，自颁布之日起10日后实施）。

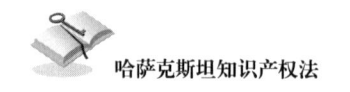

由申请人作分案申请，并通知申请人。

形式审查结束后应将结果通知申请人。

2-1. 申请人违反了外观设计单一性要求的，在收到通知后3个月内应声明将哪项外观设计作为审查对象，如有必要，在申请文件中确认。包含在首次申请材料中的其他外观设计可分案申请。分案申请的优先权日按本法第20条第5款的规定确定。

申请人在收到违反单一性原则通知后3个月内没有明确要求审查的外观设计，也未提供说明文件的，则对说明书中的第一项申请内容以及符合外观设计专利单一性要求的其他申请项进行审查。

3. 形式审查得出有利结论后，专家组织应进行实质审查。

实质审查包括确定有关工业品外观设计客体要求保护的方案是否受法律保护，对要求保护的工业品外观设计进行信息检索以确定产品外观设计方案的水平，以及要求保护的客体是否满足本法第8条规定的可专利性标准，但审查应在提供已缴纳实质审查费的证明文件后进行。

确认已缴纳实质审查费用的证明文件应于发送形式审查结果通知之日起3个月内提交给专家组织。

4. 在实质审查期间，专家组织有权要求申请人提交对审查必不可少的补充材料。

专家组织要求的补充材料不应修改外观设计，并在发出要求之日起3个月内提供。

如果补充材料修改了工业品外观设计，则适用本条第1款的规定。申请人未按规定期限提供要求材料或者申请延期的，视为撤回申请。该期限可以在缴纳适当费用后延长，但不超过3个月。

5. 实质审查的结果是申请人在权利要求书中明确的技术方案满足本法第8条规定的工业品外观设计可专利性标准的，作出授予专利权并确认优先权的决定。

自授权机构通知申请人授权决定之日起3个月内，申请人应提交专家组织确认缴纳准备授权和公告的相应费用的证明文件。在未能呈递上述文件的情况下，若3个月内提交缴纳恢复错过期限费用的文件，则恢复缴费期限。否则视为撤回申请，终止申请程序，该情况应在恢复期限届满之日起1个月内通知申请人。

6. 对申请人在权利要求中确认的工业品外观设计未满足可专利性标准的，

作出拒绝授权的决定。

对涉及不受法律保护的客体的申请，或者因不符合工业品外观设计单一性而未被审查的方案，作出拒绝授权的决定。

申请人可在专家组织发出拒绝授予专利权决定后 3 个月内向授权机构提出异议。复审委员会应在收到异议后 2 个月内进行审查。

7. 申请人有权知晓审查者援引的全部资料。专家组织应在收到申请人请求后 1 个月内向申请人提供援引文件的副本。

8. 申请人未遵守本条第 2 款、第 3 款和第 4 款关于期限的规定，专家组织可在缴纳恢复期限费用的情况下恢复上述期限。

申请人可在错过期限后不迟于 6 个月申请延长期限。申请人在向专家组织提出上述申请的同时应提交审查者要求的文件或向复审委员会提出异议。

第 25 条 工业产权客体的登记和保护证书的授予❶

1. 专家组织应在相关国家登记簿中进行下列信息的登记：

1）授予保护证书，开放或强制许可；

2）工业产权客体专有权的转让；

3）工业产权客体使用权的授予；

4）提前终止专利权或宣告专利权无效

2. 登记信息每日在公报上公布。

3.1 件专利权不受申请人数影响，只授予 1 份证书。发明人证书可颁发给每一位专利申请中注明的工业产权客体发明人。

第 26 条 授予保护证书的公告❷

1. 专家组织应于发明专利申请提交之日起 18 个月后，实用新型和外观设计专利申请提交之日起 12 个月后，在公报中公告专利信息。专家组织可应申请人请求在上述期限之前公告专利信息。

2. 被哈萨克斯坦第 237 号法律（2007 年 3 月 2 日颁布）废除。

---

❶ 根据哈萨克斯坦第 161 - Ⅵ号法律（2018 年 6 月 20 日颁布，自颁布之日起 10 日后实施）予以修订。

❷ 根据哈萨克斯坦下列法律予以修订：第 586 号法律（2004 年 7 月 9 日颁布）；第 237 号法律（2007 年 3 月 2 日颁布，自颁布之日起实施）；第 537 - Ⅳ号法律（2012 年 1 月 12 日颁布，自颁布之日起实施）；第 300 - Ⅴ号法律（2015 年 4 月 7 日颁布，自颁布之日起 10 日后实施）。

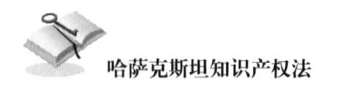

3. 发明人享有放弃在保护证书信息中被公告的权利。

4. 授权机构决定公告信息的全部内容。

5. 授予保护证书的信息公告后，任何人有权了解申请文件和专家组织作出的检索报告。

6. 专家组织应在公报中公告根据本法第 5 条第 3 款的规定延长保护证书期限的信息，以及在相应国家注册簿中录入更改的信息。

第 27 条　申请的撤回

申请人可在哈萨克斯坦国家注册簿上进行工业产权客体登记之前撤回申请。

第 28 条　申请的转换❶

1. 申请人有权在专家组织对发明申请作出结论之前申请将上述申请转换为实用新型申请。

2. 在专家组织对实用新型申请作出决定前可申请将实用新型申请转换为发明申请。

3. 申请转换时保留首次申请的优先权和申请日。

第 6 章　保护证书的终止和恢复

第 29 条　保护证书的争议❷

1. 在保护证书有效期间，可对其提出异议并使其全部或部分无效：

1）受保护的工业产权客体不符合本法规定的授予专利权的条件；

2）发明或者实用新型的权利要求或者外观设计的全部必要特征包含了未在首次申请材料中提及的特征；

3）保护证书的授予违反本法第 37 条的规定；

4）保护证书注明的发明人或者专利权人不正确。

2. 被哈萨克斯坦第 161－Ⅵ号法律（2018 年 6 月 20 日颁布，自颁布之日起 10 日后实施）废除。

---

❶ 根据哈萨克斯坦第 586 号法律（2004 年 7 月 9 日颁布）予以修订。
❷ 根据哈萨克斯坦下列法律予以修订：第 586 号法律（2004 年 7 月 9 日颁布）；第 161－Ⅵ号法律（2018 年 6 月 20 日颁布，自颁布之日起 10 日后实施）。

第 30 条　保护证书和/或欧亚专利的无效和提前终止❶

1. 以法院判决为基础认定保护证书和/或欧亚专利部分或者全部无效。

如果专利权人对保护证书和/或欧亚专利中的权利要求、说明书、草图或设计图纸进行更改，以确保发明、实用新型和工业品外观设计的可专利性，则保护证书和/或欧亚专利部分无效。相同编号的经修订的保护证书和/或欧亚专利继续有效。

被认定为全部或者部分无效的发明、实用新型、外观设计专利，自提交专利申请之日起撤销。

以之后被认定为无效的专利为基础签订的许可合同，在判决专利无效前已履行的，继续有效。

无效指撤销授权机构对授予发明、实用新型或者外观设计专利权的决定，以及撤销在相应注册簿上的登记。

2. 有下列情形之一的，应提前终止保护证书的效力：

1）在公报公布之日后专利权人向授权机构提交提前终止的申请。向一组工业产权客体授予保护证书，但申请人仅就其中一部分工业产权客体提出申请的，保护证书的无效仅针对在申请中提及的该部分工业产权客体；

2）缴费期限届满前未按期缴纳维持费的。

3. 专家组织应在公报中公布关于保护证书全部或者部分无效的信息，以及关于提前终止其效力的信息。

第 31 条　专利权效力的恢复；后使用权❷

1. 缴纳维持费期限届满后 3 年之内，应专利权人的要求，可以恢复根据本法第 30 条第 2 款 2）项的规定提前终止的专利权的效力。恢复权利的请求应附有缴纳恢复专利权的费用和专利有效期间所欠费用的证明。

专家组织在公报中公布恢复专利权效力的信息。专利权恢复的日期为公

---

❶ 标题根据哈萨克斯坦第 128-Ⅶ 号法律（2022 年 6 月 20 日颁布，自颁布之日起 60 日后实施）予以修订。正文根据哈萨克斯坦下列法律予以修订：第 586 号法律（2004 年颁布）；第 300-Ⅴ 号法律（2015 年 4 月 7 日颁布，自颁布之日起 10 日后实施）；第 161-Ⅵ 号法律（2018 年 6 月 20 日颁布，自颁布之日起 10 日后实施）；第 128-Ⅶ 号法律（2022 年 6 月 20 日颁布，自颁布之日起 60 日后实施）。

❷ 根据哈萨克斯坦下列法律予以修订：第 586 号法律（2004 年 7 月 9 日颁布）；第 300-Ⅴ 号法律（2015 年 4 月 7 日颁布，自颁布之日起 10 日后实施）。

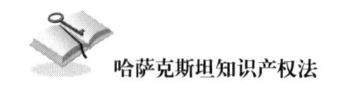

告之日。

2. 任何人在专利效力被提前终止之日至恢复效力之日期间，在哈萨克斯坦国内使用该工业产权客体或者为使用做了必要准备，只要不超过原使用范围，有权继续免费使用（后使用权）。

后使用权只能使用或者将做好使用准备的工业产权一并转让给他人。

第 7 章 发明人、申请人和专利权人的权利保护

第 32 条 复审委员会❶

1. 复审委员会是对申请人的异议进行诉前审理的授权机构内部的合议部门。

2. 对于专家组织拒绝授予工业产权客体专利的决定，可向复审委员会提出异议。

对上述异议的诉前审理是强制性的。

3. 复审委员会应由奇数（不少于 5 人）成员组成，包括发明、实用新型和工业品外观设计保护领域、科学领域、创新活动国家支持领域、卫生保健领域和上述授权机构的社会委员会。

4. 复审委员会不得包括：

1）专利律师；

2）配偶、近亲属或姻亲；

3）专家组织的雇员。

5. 在下列情况下可更换复审委员会成员：

1）参加会议的复审委员会成员依本条第 4 款回避或取消资格；

2）因暂时性的残疾、休假或出差而缺席。

6. 按授权机构确定的方式对复审委员会的每次会议进行录像。

第 32 - 1 条 复审委员会对异议不予受理的情形❷

1. 有下列情形之一的，不予受理异议：

---

❶ 根据哈萨克斯坦下列法律予以修订：第 161 - Ⅵ号法律（2018 年 6 月 20 日颁布，自颁布之日起 10 日后实施）；第 128 - Ⅶ号法律（2022 年 6 月 20 日颁布，自颁布之日起 60 日后实施）。

❷ 根据哈萨克斯坦第 537 - Ⅳ号法律（2012 年 1 月 12 日颁布，自颁布之日起 10 日后实施）予以增补。

1）根据哈萨克斯坦法律规定，异议事项不属于复审委员会审查范围的；
2）异议未签字或者是由未获授权的人签字的；
3）异议未在规定时间提出，且已丧失延长或者恢复期限权利的；
4）申请人未在规定时间内遵守提交异议的内容和程序方面要求的。
出现以上情形的，通知异议人不予受理其异议，且该异议视为从未提出。
异议人或者其代理人可在复审委员会专家组作出决定之前撤回异议。

第32-2条　异议的审查❶

1. 复审委员会按授权机构决定的程序在本法规定的期限内对异议进行审查。

2. 错过提出异议最后期限的，复审委员会根据提交文件认为有正当理由的，可考虑对异议进行审查。

3. 经申请人提交书面请求，异议的审查期限可延长至3个月。

4. 下列情况下复审委员会有权推迟会议日期：

1）申请人未出庭，但已申请在其不参与的情况下审查异议的情况除外；
2）申请人提交需要时间补充证据的申请；
3）需进一步研究申请人的观点和/或与异议有关的情况。

5. 复审委员会作出下列相应决定：

1）异议成立；
2）异议部分成立；
3）拒绝审查异议；
4）异议不成立。

复审委员会无权自行变更异议的事项或依据。

6. 所有复审委员会的成员在审查异议时享有平等的权利。复审委员会的决定由所有成员表决的多数票通过。

7. 决定作出后于10个工作日内发送给异议申请人。

8. 应异议申请人的请求，复审委员会可不对异议进行审查。不予审查异议的决定录入复审委员会会议记录。

9. 对作出的决定可向法院提出诉讼。

---

❶ 根据哈萨克斯坦下列法律予以增补：第537-Ⅳ号法律（2012年1月12日颁布，自颁布之日起10日后实施）；第161-Ⅵ号法律（2018年6月20日颁布，自颁布之日起10日后实施）；第128-Ⅶ号法律（2022年6月20日颁布，自颁布之日起60日后实施）。

第32-3条　复审委员会决定的文书错误和明显技术性错误的更正❶

1. 异议审查的决定公布后，复审委员会无权取消或更改。

2. 复审委员会可主动或应参与审查异议人员的请求，更正决定中的文书错误或明显的技术性错误。

由复审委员会会议更正相关事宜。复审委员会会议的时间和地点应通知参与审理异议的人员，但其缺席不构成审查更正错误的障碍。

3. 对复审委员会决定的更正，由复审委员会作出补充决定。

第32-4条　不予审查异议❷

1. 下列情况下复审委员会对异议不予审查：

1）按时接到复审委员会通知会议的时间和地点的异议申请人，未声明在其缺席情况下可审查异议，在复审委员会第二次通知后未出席会议；

2）异议申请人申请撤回异议。

2. 对异议不予审查的决定应录入复审委员会的会议记录。

第33条　审理纠纷的司法程序❸

1. 法院对下列纠纷享有管辖权：

1）关于工业产权客体发明人的身份；

2）关于授予保护证书的合法性；

2-1）关于专利权和/或欧亚专利无效的认定；

3）关于专利权人的确认；

4）关于强制许可的授予；

5）关于侵犯专利权人工业产权客体的专有使用权和其他财产权；

6）受保护工业产权客体许可合同的缔结和履行；

7）关于在先使用和后使用权；

---

❶❷　根据哈萨克斯坦第161-Ⅵ号法律（2018年6月20日颁布，自颁布之日起10日后实施）予以增补。

❸　根据哈萨克斯坦下列法律予以修订：第586号法律（2004年7月9日颁布）；第378-Ⅴ号法律（2015年10月31日颁布，自2016年1月1日实施）；第161-Ⅵ号法律（2018年6月20日颁布，自颁布之日起10日后实施）；第217-Ⅵ号法律（2019年1月12日颁布，自颁布之日起10日后实施）；第128-Ⅶ号法律（2022年6月20日颁布，自颁布之日起60日后实施）。

8）关于雇主根据本法第 10 条第 4 款规定应付发明人的报酬；

9）关于本法规定的赔偿的支付；

10）关于保护证书产生的权利而引起的其他纠纷。

除本款 1）项、2）项、3）项、4）项、7）项和 10）项明确规定外，在不违反哈萨克斯坦有关"仲裁"和"调解"法律的情况下，纠纷可由协议双方仲裁或调解解决。

1-1. 针对本法第 32 条第 2 款规定的专家组织的决定提出的诉讼，应在复审委员会审查相关异议后提交法院。

2. 专家组织根据法院判决公告有关保护证书变更的信息。

第 34 条　侵犯发明人、申请人和专利权人权利的责任[1]

侵占发明人身份、通过胁迫取得发明人身份，未经发明人或者申请人同意在信息公告之前披露工业产权客体信息，非法使用受保护的工业产权客体，违反在国外申请工业产权客体专利权的程序，均应根据哈萨克斯坦法律承担相应责任。

第 34-1 条　未注册的工业品外观设计[2]

1. 符合新颖性和创造性要求的工业品外观设计，自工业品外观设计在哈萨克斯坦首次公开之日起 3 年内，无须注册和颁发保护证书即获得保护。

未注册的工业品外观设计首次公开之日前没有相同的工业品外观设计公开的，应视为新的外观设计。

未注册工业品外观设计的创造性应当符合本法第 8 条第 1 款的要求。

对未注册工业品外观设计权利的保护需通过司法程序。

2. 未注册的工业品外观设计，如已经公布、在展览会上展出、进入贸易领域或已为哈萨克斯坦相关行业的专业人员群体所知，应视为首次公开。

根据约定或默示的保密条款仅向第三方披露未注册的工业品外观设计不视为公开。

3. 未注册工业品外观设计的署名权，根据本法第 9 条第 1 款、第 2 款、

---

[1] 根据哈萨克斯坦第 179-Ⅳ号法律（2009 年 7 月 10 日颁布，实施程序见哈萨克斯坦关于知识产权若干问题予以修订和增补的法案第 2 条）予以修订。

[2] 根据哈萨克斯坦第 128-Ⅶ号法律（2022 年 6 月 20 日颁布，自颁布之日起 60 日后实施）予以增补。

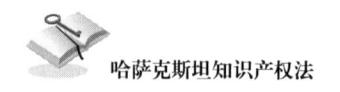

第 3 款的规定确定。

4. 未注册工业品外观设计的权利属于：

1）工业产权客体的发明人；

2）雇主与雇员的合同中没有规定的，属于雇主；

3）法定继承人，包括按转让程序获得相关权利的人；

4）在彼此达成协议的情况下，由本款规定的人员共同享有。

5. 如果有争议的使用是对未注册工业品外观设计进行复制，其所有人仅在此情况下才有权阻止本法第 11 条第 2 款所述的使用行为。

如果作品是在独立创作另一项工业品外观设计时产生的，该发明人不视为知晓已公开的工业品外观设计信息，那么有争议的使用不视为复制。

第 8 章　最后条款

第 35 条　国家税费❶

授权机构根据哈萨克斯坦税收和其他预算义务缴款法（税法）对专利律师认证和专利律师登记行为征收国家税。

第 36 条　专利律师❷

1. 哈萨克斯坦具有完全民事行为能力的公民，在国内拥有永久居所，受过高等教育，经认证并在知识产权授权机构登记，可以成为专利律师。

对专利律师候选人的认证采用考试形式，测试其在哈萨克斯坦法律和哈萨克斯坦批准的知识产权领域的国际条约方面的知识。

授权机构设立的认证委员会由授权机构的奇数名员工组成。

专利律师候选人的认证、在专利律师登记簿上的登记和修改程序由授权机构决定。

专利律师登记簿在授权机构的网站上公布。

2. 下列人员不能成为专利律师认证候选人：

1）哈萨克斯坦法律禁止其从事商业活动的人；

---

❶ 根据哈萨克斯坦第 161-Ⅵ号法律（2018 年 6 月 20 日颁布，自颁布之日起 10 日后实施）予以修订。

❷ 根据哈萨克斯坦第 128-Ⅶ号法律（2022 年 6 月 20 日颁布，自颁布之日起 60 日后实施）予以修订。

2）属于授权机构及其下级组织雇员及其近亲属、配偶；

3）依法定程序存在未服刑或者未被撤销的犯罪行为；

4）根据本法被专利律师登记簿除名的人。

3. 在知识产权保护和执法领域具有至少4年工作经验，或在专利律师协会完成至少1年实习，获准进行认证。

4. 下列情况下，根据认证委员会的决定，中止专利律师的执业：

1）专利律师向认证委员会提交申请；

2）在被哈萨克斯坦法律禁止执业期间，属于授权机构及其下级机关雇员期间；

3）本法第36-2条第1款规定的情况。

在本款3）项规定的情况下，专利律师应暂停执业直至认证委员会在3个月内作出相应决定。

导致执业中止的情况消除后，认证委员会应通过决定恢复专利律师的执业。

5. 专利律师作为申请人或者专利权人的代理人，与授权机构和专家组织进行与知识产权法律保护有关的活动。申请人和/或专利权人也可自己从事与授权机构和专家组织之间的事务。

居住在哈萨克斯坦境外的自然人和外国法人，应通过专利律师在授权机构及其下级组织行使申请人和专利权人以及利害关系人的相关权利。

在哈萨克斯坦内有永久居所但临时居住在境外的自然人，只要指定哈萨克斯坦国内的通信地址，可以不通过专利律师，在授权机构及其下级组织自行行使申请人、专利权人以及利害关系人的权利。

专利律师自委托人处收到的指示信息，只要符合哈萨克斯坦法律对秘密信息或者其他秘密的法律规定，应被视为秘密。

第36-1条 专利律师的权利和义务[1]

1. 专利律师有权：

1）针对知识产权的法律保护、权利取得或者转移提供咨询；

2）代表顾客、委托人、雇主或根据其指示完成发明、实用新型和外观设

---

[1] 根据哈萨克斯坦第537-Ⅳ号法律（2012年1月12日颁布，自颁布之日起10日后实施）予以增补。根据哈萨克斯坦第128-Ⅶ号法律（2022年6月20日颁布，自颁布之日起60日后实施）予以修订。

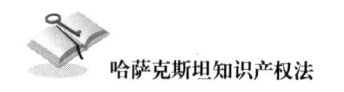

计专利的申请手续等工作；

3）在保护发明、实用新型和外观设计权利方面与授权机构和/或专家组织合作，包括通信、准备和提交对审查决定的异议通知；

4）帮助草拟、审议许可（分许可）合同和/或转让合同，以及随后在专家组织中进行权利转让和授予的登记。

2. 专利律师的权利由委托书确认。

在处理向复审委员会提出异议有关的案件时，专利律师应向授权机构提交委托书原件。

3. 若委托书以外文书写，则必须提交经公证的哈萨克语或俄语委托书的翻译，翻译成何种语言取决于提出异议的语言。

4. 专利律师曾经代理过或提供过咨询的人的利益与请求审理案件之人的利益相抵触，或以其他方式参与过审议，或参与审议的人是专利律师、其配偶和/或其近亲属的专利律师不应接受委托。

第36-2条　专利律师登记簿的除名、专利律师证书的无效和专利律师登记簿信息的注销[1]

1. 有下列情形之一的，根据认证委员会的决定，在登记簿中将专利律师除名：

1）专利律师向认证委员会提交个人申请的；

2）专利律师哈萨克斯坦公民身份终止或者永久居住在哈萨克斯坦境外的；

3）专利律师中断专利律师执业活动5年以上的；

4）专利律师因犯罪而作出的有罪判决生效的；

5）专利律师死亡或者被宣告失踪或者死亡的；

6）专利律师被认定为无行为能力人或者限制行为能力人的；

7）基于对个人和/或法人投诉的审议结果，以及专利律师协会的意见。

2. 根据认证委员会的决定或法院的生效判决，专利律师证书被宣布无效，相关信息录入专利律师登记簿。

---

[1] 标题根据哈萨克斯坦第161-Ⅵ号法律（2018年6月20日颁布，自颁布之日起10日后实施）予以修订。正文根据哈萨克斯坦下列法律予以增补：第537-Ⅳ号法律（2012年1月12日颁布，自颁布之日起10日后实施）；第161-Ⅵ号法律（2018年6月20日颁布，自颁布之日起10日后实施）；第128-Ⅶ号法律（2022年6月20日颁布，自颁布之日起60日后实施）。

3. 被除名的专利律师，自信息录入登记簿之日起丧失执业的权利，其专利律师证书予以注销。

4. 自然人或法人投诉专利律师行为的，授权机构从其成员中选出奇数成员组成复审管理委员会。复审管理委员会在审议投诉期间，暂停专利律师证书的效力，并在专利律师登记簿中注明。

基于对个人和/或法人投诉的审议结果或专利律师协会意见的处理结果，作出下列相应决定：

1）撤销专利证书，有关信息录入专利律师登记簿；

2）驳回个人和/或法人的投诉或专利律师协会的意见。

复审管理委员会经投票以简单多数作出决定并记录在案。可针对复审管理委员会的决定向法院提出诉讼。

第37条 工业产权客体的国际注册[1]

工业产权客体的国际注册通过向专家组织提交申请进行。

申请审查规则由授权机构根据哈萨克斯坦批准的国际条约决定。

第38条 外国自然人、法人和无国籍人的权利[2]

1. 外国自然人和法人根据哈萨克斯坦加入的国际公约或者互惠原则，享有与本法规定的哈萨克斯坦的自然人和法人同等的权利。

2. 除本法另有规定外，居住在哈萨克斯坦的无国籍人享有本法及其他有关工业产权法令规定的与哈萨克斯坦自然人和法人相同的权利。

---

[1][2] 根据哈萨克斯坦第161-Ⅳ号法律（2019年6月20日颁布，自颁布之日起10日后实施）予以修订。

商品商标、服务商标、地理标志和原产地名称法

商品商标、服务商标、地理标志和原产地名称法[*]

（哈萨克斯坦1999年7月26日第456号法律）

在哈萨克斯坦国内因商品商标、服务商标以及原产地名称的注册、法律保护和使用产生的法律关系，受本法调整。

第1章 一般规定

第1条 本法使用的基本概念[❶]

本法中下列用语的含义：

1）专有权，指所有人自行酌情以任何方式使用商标或原产地名称的一种财产权。

1-1）混淆性近似的标识，指单个要素不同但组合后被消费者认为相同的标志或符号。

1-2）相同商标，指所有要素完全相同的标志和符号。

1-3）同类商品或服务，指具有相同功能、属于同种类别（种类），在使用相同或近似商标时可能会使消费者认为是由同一生产商提供的商品或服务。

2）公报，指关于商标和原产地名称保护事宜的官方期刊。

3）地理标志，指表明产品原产于特定范围、地区或区域的标志。

4）驰名商标，指授权机构基于利害关系人提供的证据认定为驰名的商标或用作商标的标识。

4-1）《马德里协定》，指于1891年4月14日签订的《商标国际注册马

---

[*] 本译文根据哈萨克斯坦规范性法案的信息法律系统［官方网站链接为：ИПС "Әділет"（zan.kz）］2022年8月21日修订的哈萨克斯坦商品商标、服务商标、地理标志和原产地名称法俄语版本翻译。——译者注

[❶] 根据哈萨克斯坦下列法律予以修订：第537-Ⅳ号法律（2012年1月12日颁布，自颁布10日后实施）；第34-Ⅳ号法律（2012年7月10日颁布，自颁布之日起实施）；第300-Ⅴ号法律（2015年4月7日，自颁布之日起10日后实施）；第161-Ⅵ号法律（2018年6月20日颁布，自颁布之日起10日后实施）；第128-Ⅶ号法律（2022年6月20日颁布，自颁布之日起60日后实施）。

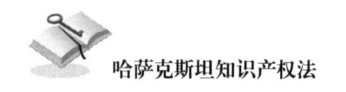

德里协定》。

4-2)《马德里议定书》，指于 1989 年 6 月 27 日通过的《商标国际注册马德里协定有关议定书》。

5）申请人，指申请商标注册或申请注册并获许使用原产地名称的法人或自然人。

6）专利律师，指根据哈萨克斯坦法律有权在授权机构和专家组织中代表自然人和法人的哈萨克斯坦公民。

6-1)《新加坡条约》，指于 2006 年 3 月 27 日签订的《商标法新加坡条约》。

7）国际商品和服务分类，指由 1957 年 6 月 15 日签订的《商标注册用商品和服务国际分类尼斯协定》所确定的分类及其后续的修订和增补。

8）商品商标、服务商标（以下简称"商标"），指根据本法注册的、虽未注册但受哈萨克斯坦加入的国际条约保护的、可将特定法人或自然人的商品（服务）区别于其他法人或自然人的同类商品（服务）的标识。

9）商标、地理标志或原产地名称的使用，指将商标或原产地名称标示于相应受保护的商品和服务上在其包装、制造、使用、进口、储存、许诺销售、销售产品是标明商标、地理标志或原产地名称，在招牌、广告、印刷品或其他商业文书上使用，以及其他投入流通环节的行为。

10）商标权人（著作权人）或商品原产地名称使用权人，指根据本法享有商标专用权或原产地名称使用权的法人或自然人。

11）原产地名称，指构成或含有国家、地区、聚居区、区域名称或任何其他地理标志以及该名称的派生标志，以及因使用产品而知名的标志，这些产品的特定性质、质量、声誉或其他特征与其原产地地理条件有关，包括特定的自然环境和/或人文因素。

12）集体商标，指协会或联盟或其他法人和/或企业家团体（以下简称"协会"）的商标，用以指明具有相同质量或其他特征的商品（服务）的生产和销售。

第 2 条　哈萨克斯坦关于商品商标、服务商标、地理标志和原产地名称的立法❶

1. 哈萨克斯坦关于商品商标、服务商标和原产地名称的立法包括哈萨克斯坦

---

❶ 标题根据哈萨克斯坦第 128-Ⅶ号法律（2022 年 6 月 20 日颁布，自颁布之日起 60 日后实施）予以修订。正文根据哈萨克斯坦下列法律予以修订：第 300-Ⅴ号法律（2015 年 4 月 7 日颁布，自颁布之日 10 后实施）；第 128-Ⅶ号法律（2022 年 6 月 20 日颁布，自颁布之日起 60 日后实施）。

民法典、本法以及其他法律法规。

2. 哈萨克斯坦批准的国际条约与本法有不同规定的，适用该国际条约的规定。

第 3 条 授权保护商品商标、服务商标、地理标志和原产地名称的政府机关❶

1. 授权的政府机构（以下简称"授权机构"），指由哈萨克斯坦政府确定的，在保护商品商标、服务商标和原产地名称方面履行政府管理职能的政府机构。

2. 授权机构的职责包括：

1) 参与实施商标和原产地名称法律保护方面的国家政策。

2) 制定和批准：

a) 商标和原产地名称申请的审查规则；

b) 国家商标注册簿和国家原产地名称注册簿的商标和原产地名称注册规则，担保文件及其副本的签发规则，注册的注销和撤销规则；

c) 国家商标登记簿商标专有权（授予商标使用权）转让登记规则；

d) 国家商标注册簿和国家原产地名称注册簿摘录的提供规则；

e) 复审委员会异议复审规则；

f) 根据哈萨克斯坦批准的国际条约进行商标申请的审查规则；

g) 关于认证委员会的规定；

h) 关于复审委员会的规定；

i) 关于复审管理委员会的规定；

j) 关于哈萨克斯坦驰名商标认定委员会的规定。

3) 确定在公报上公布商标和原产地名称注册信息的程序。

4) 专利律师候选人认证及其在专利律师登记簿的登记。

5) 组织认证委员会、复审委员会、复审管理委员会和哈萨克斯坦驰名商

---

❶ 标题根据哈萨克斯坦第 128-Ⅶ号法律（2022 年 6 月 20 日颁布，自颁布之日起 60 日后实施）予以修订。正文根据哈萨克斯坦下列法律予以修订：第 586 号法律（2004 年 7 月 9 日颁布）；第 237 号法律（2007 年 3 月 2 日颁布，自颁布之日起实施）；第 452-Ⅳ号法律（2011 年 7 月 5 日颁布，2011 年 10 月 13 日实施）；第 537-Ⅳ号法律（2012 年 1 月 12 日颁布，自颁布之日起 10 日后实施）；第 300-Ⅴ号法律（2015 年 4 月 7 日颁布，自颁布之日起 10 日后实施）；第 161-Ⅵ号法律（2018 年 6 月 20 日颁布，自颁布之日起 10 日后实施）；第 128-Ⅶ号法律（2022 年 6 月 20 日颁布，自颁布之日起 60 日后实施）。

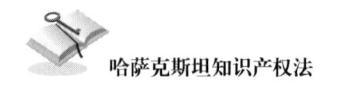

标认定委员会的活动。

6）行使本法、哈萨克斯坦其他法律、哈萨克斯坦总统和政府令规定的其他权力。

第3-1条 专家组织❶

1. 专家组织是根据哈萨克斯坦政府决定以国有企业的法律形式设立的经济管理为基础的从属于授权机构的组织，履行下列职责：

1）审查商标和原产地名称的申请；

2）在国家商标注册簿和国家原产地名称注册簿签发担保文件及其副本，注销和撤销注册；

3）在国家商标注册簿登记商标专用权的转让（授予商标使用权）；

4）保存国家商标注册簿、原产地名称注册簿和公报，并将其发布在网站上；

5）提供国家商标注册簿和国家原产地名称登记簿摘录；

6）在公报上公布商标和原产地名称注册相关信息；

7）应利害关系人请求，查询注册商标和原产地名称信息；

8）审议根据哈萨克斯坦批准的国际条约提起的商标和原产地名称申请；

9）开展哈萨克斯坦法律未禁止的其他活动。

2. 专家组织与授权机构协商确定商标和原产地名称保护的服务价格，应全额支付专家组织提供服务的费用，确保其活动支出和自身收入达到收支平衡。

第2章　商标的法律保护和注册条件

第4条　商标的法律保护❷

1. 在哈萨克斯坦，对根据本法规定的程序进行注册的商标以及根据哈萨克斯坦签订的国际条约的未注册商标，应给予法律保护。

2. 自然人或法人有权获得商标法的法律保护。

---

❶ 根据哈萨克斯坦第586号法律（2004年7月9日颁布）予以增补。根据第161-Ⅳ号法律（2018年6月20日颁布，自颁布之日起10日后实施）予以修订。

❷ 根据哈萨克斯坦下列法律予以修订：第300-Ⅴ号法律（2015年4月7日于颁布，自颁布10日后实施）；第161-Ⅵ号法律（2018年6月20日颁布，自颁布之日起10日后实施）。

商标专有权始于在国家商标注册簿登记之日。

3. 商标权由证书予以证明，由国家商标注册簿的摘录予以确认。

证书的形式由授权机构确定。

4. 商标权人享有在证书指定的商品和服务上使用并处分商标的专有权。未经商标权人同意，任何人不得使用在哈萨克斯坦受保护的商标。

第5条 注册为商标的标识

1. 能够将一方的商品和服务区别于他方类似商品和服务的图形、文字、字母、数字、三维标志和其他标志或标志的组合，可以注册为商标。

2. 颜色或颜色的组合可以注册为商标。

第6条 商标不予注册的法定理由[1]

1. 不具有显著性或仅由下列要素组成的标识不得注册为商标：

1）成为标记特定种类商品（服务）的通用标识；

2）属于普遍接受的符号和术语；

3）表明商品的种类、质量、数量、特征、用途、价值及其生产或销售的地点和时间；

3-1）属于国际非专利药品名称；

4）被哈萨克斯坦第537-Ⅳ号法律（2012年1月12日颁布，自颁布之日起10日后实施）废除；

5）被哈萨克斯坦第537-Ⅳ号法律（2012年1月12日颁布，自颁布之日起10日后实施）废除；

6）直接描述产品或服务，以表明其用途的标识。

第7）款至第13）款被哈萨克斯坦第537-Ⅳ号法律（2012年1月12日颁布，自颁布之日起10日后实施）废除。

上述标识不占据主要位置的，可以作为商标中不受保护的部分使用。

提交申请之日时这些名称因使用而具有显著性，可以注册为商标。显著性是指能够将某些个人和/或法人的商品（服务）与其他个人和/或法人的类

---

[1] 根据哈萨克斯坦下列法律予以修订：第586号法律（2004年7月9日颁布）；第537-Ⅳ号法律（2012年1月12日颁布，自颁布之日起10日后实施）；第300-Ⅴ号法律（2015年4月7日颁布，自颁布之日起10日后实施）；第161-Ⅵ号法律（2018年6月20日颁布，自颁布之日起10日后实施）；第128-Ⅶ号法律（2022年6月20日颁布，自颁布之日起60日后实施）。

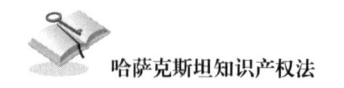

似商品（服务）区分开来的标识的特征。

2. 标识复制国家的徽章、旗帜和标志，国际组织的简称和全称及其官方标识、旗帜和标志，表明控制、保证或鉴定的检验印章、检查章，奥林匹克标识、奖状及其他荣誉标志，以及其他与此混淆性近似的标识，不能注册为商标。

该等标识并非单独使用且获得有关机构或其所有人的同意的，可以用作商标中不受保护的部分。

3. 具有下列任一情况的，标识或其组成部分不能被注册为商标：

1）产品或其制造商、服务或其提供商以及对产品产地的命名存在虚假或可能产生误导；

2）形式上表明了产品的真实产地，但使人产生产品来源于另一产地的错误印象；

3）构成后含有将非源自某地的矿泉水、葡萄酒或烈性酒标记为源自该地理位置的标识，以及其翻译或标识上伴有诸如"同类""同种""像"之类的表述；

4）违背公共利益、人性和道德原则；

第7条 商标不予注册的其他理由❶

1. 与下列商标、标识或原产地名称相同或近似的标识，不能被注册为商标：

1）他人在类似商品或服务上在哈萨克斯坦注册的和受国际条约保护拥有优先权的商标，或与本人在相同商品或服务上的商标相同，但其注册被确认为无效或根据本法第6章终止的商标除外；

2）在任何种类的商品和服务上，根据哈萨克斯坦的规定被认定为驰名商标的；

3）他人在类似商品或服务上声明拥有注册优先权的标识（被撤销和终止的除外）或本人在相同商品或服务上已注册的标识；

4）被哈萨克斯坦第537-Ⅳ号法律（2012年1月12日颁布，自颁布之

---

❶ 根据哈萨克斯坦下列法律予以修订：第586号法律（2004年7月9日颁布）；第537-Ⅳ号法律（2012年1月12日颁布，自颁布之日起10日后实施）；第300-Ⅴ号法律（2015年4月7日颁布，自颁布之日起10日后实施）；第161-Ⅵ号法律（2018年6月20日颁布，自颁布之日起10日后实施）。

日起10日后实施）废除；

5）指定在任何商品上的哈萨克斯坦受保护的原产地名称的标识，除非该标识被并入以原产地名称使用权人名义注册的商标中不受保护的部分，且该商标注册在与原产地名称注册指定的相同商品上。

在类似商品或服务上注册的商标若与本款1）项、2）项和3）项的商标构成混淆性近似，应征得商标所有人的书面同意。

如果所有人是法人时，必须提交笺头上有授权人签名并盖有法人公章（如有）的密封同意书，所有人是自然人时，签名须被公证。

2. 标识复制下列内容的，不能注册为商标：

1）他人拥有在先权利的在哈萨克斯坦受保护的工业品外观设计；

2）已废除。

3）提交申请之日侵犯在哈萨克斯坦广为人知的文学、科学和艺术作品、艺术品及其片段的著作权的名称；

4）侵犯自然人和其继承人非财产权的姓、名、笔名及其衍生名，肖像及其复制件；未经有关机构许可复制构成哈萨克斯坦历史和文化遗产一部分的标识。

3. 驳回在没有得到文化领域有关机构批准的情况下，通过将哈萨克斯坦的历史和文化再现于商标标识的申请。

4. 本条规定的驳回理由也适用于根据哈萨克斯坦批准的国际条约在哈萨克斯坦境内作为商标申请法律保护的情况。

第8条　申请的提交[①]

1. 应由一名申请人向专家组织提交商标申请。
2. 集体商标应根据成员集体商标使用协议以组织名义提起申请。
3. 被哈萨克斯坦第161－Ⅵ号法律（2018年6月20日颁布，自颁布之日起10日后实施）废除。

[①] 根据哈萨克斯坦下列法律予以修订：第586号法律（2004年7月9日颁布）；第537－Ⅳ号法律（2012年1月12日颁布，自颁布之日起10日后实施）；第300－Ⅴ号法律（2015年4月7日颁布，自颁布之日起10日后实施）；第161－Ⅵ号法律（2018年6月20日颁布，自颁布之日起10日后实施）。

第 9 条　申请注册商标的要求❶

1. 一份申请只能申请一个商标。

2. 申请必须包括：

1）对标识进行专家审查的请求，载明申请人的居住地或所在地；

2）申请的标识；

3）根据商品和服务国际分类表列举的商品和/或服务清单。

3. 申请书应随附下列文件：

1）审查费缴纳确认文件；

2）如有代理人，须提交代理人委托书复印件；

3）集体商标章程（在申请集体商标的情况下）包括经授权以自身名义申请集体商标的组织名称、商标注册的目的、商标使用权人名单、标明集体商标的商品和服务名录的名单及其独有特征或其他特征、使用条件、使用监管程序、违反集体商标章程条款的责任。

4. 申请书及其附件以哈萨克语或俄语提交。以其他语言提交文件的，申请人应于 2 个月内提交其哈萨克语或俄语译本。

5. 申请的提交日期为专家组织收到符合本条第 2 款要求的申请之日；若上述文件没有同时提交，则提交日期为收到最后一份文件之日。

6. 被哈萨克斯坦第 161－Ⅵ号法律（2018 年 6 月 20 日的颁布，自颁布 10 日后实施）废除。

第 10 条　商标优先权❷

1. 商标优先权应根据向专家组织提交申请的日期予以确定。

2. 商标优先权可根据《巴黎公约》成员国以及规定优先权的国际或区域组织首次提交商标申请的日期确定（公约优先权），前提是首次申请之日起 6 个月内向专家组织申请商标注册。主张公约优先权的，申请人应指明首次申

---

❶ 标题根据哈萨克斯坦第 300－Ⅴ号法律（2015 年 4 月 7 日颁布，自颁布之日起 10 日后实施）予以修订。正文根据哈萨克斯坦下列法律予以修订：第 586 号法律（2004 年 7 月 9 日颁布）；第 537－Ⅳ号法律（2012 年 1 月 12 日颁布，自颁布之日起 10 日后实施）；第 300－Ⅴ号法律（2015 年 4 月 7 日颁布，自颁布之日起 10 日后实施）；第 161－Ⅵ号法律（2018 年 6 月 20 日颁布，自颁布之日起 10 日后实施）；第 128－Ⅶ号法律（2022 年 6 月 20 日颁布，自颁布之日起 60 日后实施）。

❷ 根据哈萨克斯坦下列法律予以修订：第 586 号法律（2004 年 7 月 9 日颁布）；第 300－Ⅴ号法律（2015 年 4 月 7 日颁布，自颁布之日起 10 日后实施）。

请的编号、日期和国家，并随附经核证的首次申请的副本。

3. 在官方认可的国际展览会上，置于展品上标明的商标的优先权，根据展品公开展览之日予以确定（展览优先权），前提是自首次公开展览之日起6个月内向专家组织提交申请。

4. 申请人希望行使公约优先权或展览优先权的，应在提交商标申请时或在专家组织收到申请书2个月内声明并提交确认其合法性的相关文件。

5. 分案申请的，每份申请的优先权根据第一份申请的优先权日期予以确定。

分案申请的，优先权根据同一申请人的首次申请的优先权日期予以确定；有权根据首次申请确定更早的优先权的，如果提交分案申请时，原申请未撤销和未被视为撤回，且分案申请在对原申请作出决定之前提交，优先权根据该优先权日期予以确定。

6. 同一商标在不同商品上存在多项申请的，应根据申请人的请求确定同一商标在不同商品上的多项优先权。

第3章 商标的审查

第11条 申请审查的顺序❶

1. 申请审查应按下列步骤进行：

1）初步审查——申请提交后10个工作日内；

2）全面审查——申请提交后7个月内；

2. 在审查的任何阶段，专家组织都有权要求提交审查所必需的补充或说明材料。

申请人在专家审查期间未提交所要求的信息和/或未请求延长期限的，视为撤回申请。

3. 除哈萨克斯坦法律规定的情形外，不得向第三方提供申请审查过程中的信息。

---

❶ 根据哈萨克斯坦第161-Ⅵ号法律（2018年6月20颁布，自颁布之日起10日后实施）予以修订。

第 11-1 条　申请信息的公告[1]

1. 初步审查完成后 5 个工作日内，每周在公报中公布相关申请信息。

2. 提交的申请信息应包含：

1) 申请的标识图像；

2) 申请人信息，包括申请人和/或其代理人的地址；

3) 申请注册标识的商品（服务）清单；

4) 向专家组织提交申请的编号和日期；

5) 存在公约优先权的，首次申请的国家、编号和日期；

6) 关于集体商标的说明。

第 11-2 条　对商标注册的异议[2]

1. 利害关系人自申请信息公布之日起 1 个月内，有权以本法第 6 条、第 7 条规定的理由，向专家组织提出异议，反对将申请标识注册为商标。

2. 专家组织应当自收到异议之日起 5 个工作日内向申请人发出收到异议的通知，并附上所提交异议的副本。

3. 申请人有权自发出本条第 2 款规定的通知之日起 3 个月内，就反对申请商标注册提出的异议作出书面陈述。

4. 专家组织应当根据利害关系人的异议和申请人的立场，出具适当的专家意见。

5. 本条第 3 款规定的期限不适用本法第 13 条第 4 款、第 5 款的规定。

第 12 条　基于对申请审查结果的决定[3]

1. 根据初步对申请审查结果，应于提交申请之日起 1 个月内通知申请人接受进一步审查或终止审查。

2. 接受申请的，由专家组织进行全面审查并在此基础上向申请人发出同

---

[1] 根据哈萨克斯坦第 161-Ⅵ号法律（2018 年 6 月 20 颁布，自颁布之日起 10 日后实施）予以增补。

[2] 根据哈萨克斯坦第 128-Ⅶ号法律（2022 年 6 月 20 日颁布，自颁布之日起 60 日后实施）予以增补。

[3] 根据哈萨克斯坦下列法律予以修订：第 161-Ⅵ号法律（2018 年 6 月 20 颁布，自颁布之日起 10 日后实施）；第 128-Ⅶ号法律（2022 年 6 月 20 日颁布，自颁布之日起 60 日后实施）。

意注册、初步部分注册或初步不予注册商标的专家意见。

专家组织发出不予注册或部分注册的专家意见后3个月内，申请人有权提出合理异议，专家组织自收到异议之日起3个月内基于异议审查结果形成最终意见。

专家组织应根据最终意见作出同意注册、部分注册或不予注册的决定。

3. 在登记国家商标注册簿前，针对有优先权的申请，对同意商标注册或部分商标注册的决定进行审查。

4. 申请人应当自向其发出注册或部分注册决定通知书之日起3个月内缴纳商标注册专家组织服务费。未提交确认缴费单据的，视为撤回商标申请，并终止审查。

5. 申请人对最终意见有异议的，应于收到最终意见之日起3个月内向授权机构提出异议。授权机构收到异议之日起4个月内，由复审委员会对该异议进行审议。

第13条　申请人的权利[1]

申请人享有下列权利：

1) 在审查的任何阶段撤回申请；

2) 回答申请审查过程中的问题；

3) 全面审查结束前在不改变申请实质内容的情况下补充、详细说明或更正申请材料；

3-1) 在审查结束前的任何阶段请求分案的，在分案申请中分配原申请书所列商品和服务；

4) 申请延长提交答辩或申请异议的时间限制，但最长不超过6个月；

5) 期限届满2个月内申请恢复已过期的期限；

6) 了解援引的材料；

7) 因向复审委员会提起异议而申请中止程序；

8) 在商标登记国家商标注册簿之前申请将获得商标的权利转让给他人；

9) 在商标登记国家商标注册簿前修改申请人的姓名和地址。

---

[1] 根据哈萨克斯坦下列法律予以修订：第586号法律（2004年7月9日颁布）；第300-Ⅴ号法律（2015年4月7日颁布，自颁布之日起10日后实施）；第161-Ⅵ号法律（2018年6月20日颁布，自颁布之日起10日后实施）。

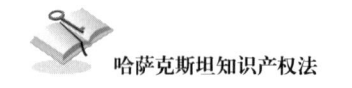

第 4 章　商标的注册

第 14 条　国家商标注册簿❶

1. 缴纳专家组织服务费后,将商标注册的信息登记国家商标注册簿。

登记国家商标注册簿的信息必须包括:

1)商标图形;

2)申请人和/或其代理人的信息,涉及集体商标的,应注明集体商标所有人和有权使用集体商标的法人名单;

3)商标注册的编号和日期;

4)注册商标的商品(服务)的清单;

5)向专家组织提交申请的申请号和日期;

6)存在公约优先权的,首次申请的国家、申请号和日期;

7)关于注册商标的其他信息,包括对商标权利进行处分的信息。

2. 国家商标注册簿对外公开。专家组织应利害关系人的请求向其提供国家商标注册簿的摘录。

3. 商标所有人必须告知专家组织所有注册信息的变动,包括变更所有人的姓、名或父称(如有),居住地或姓名和所在地的变更,以及减少注册商标商品(服务)清单,但不得实质性变更注册内容。

4. 请求变更并支付相关费用之日起 10 个工作日内,专家组织应将本条第 3 款所列变更信息以及对技术错误的更正录入国家商标注册簿。

将变更录入国家商标注册簿之日起 5 个工作日内,应向申请人发出相关变更通知。

第 15 条　注册的有效期❷

1. 注册商标的有效期为 10 年,自申请日起算。

2. 商标所有人可于注册有效期最后 1 年提出续展申请,每次续展期为 10

---

❶ 根据哈萨克斯坦下列法律予以修订:第 300 - Ⅴ号法律(2015 年 4 月 7 日颁布,自颁布之日起 10 日后实施);第 161 - Ⅵ号法律(2018 年 6 月 20 日颁布,自颁布之日起 10 日后实施);第 128 - Ⅶ号法律(2022 年 6 月 20 日颁布,自颁布之日起 60 日后实施)。

❷ 根据哈萨克斯坦下列法律予以修订:第 300 - Ⅴ号法律(2015 年 4 月 7 日颁布,自颁布之日起 10 日后实施);第 161 - Ⅵ号法律(2018 年 6 月 20 日颁布,自颁布之日起 10 日后实施)。

年。收到申请之日起 10 个工作日内，专家组织应将注册商标续展信息登记国家商标注册簿及证书。

3. 本条第 2 款规定的请求提交期限可在注册期满 6 个月内提出的申请予以恢复。

第 16 条　注册信息的公布❶

与在国家商标注册簿中登记的商标（包括集体商标）注册有关的信息，由专家组织每周在公报中公布，并发布在网站上。

第 17 条　商标再注册的条件❷

与注册有效期届满的商标相同或混淆性近似的商标，自商标有效期终止之日起 1 年内，除原商标所有人外的其他人不能注册。

商标所有人在注册有效期届满前放弃使用的，前款规定同样适用。

第 18 条　国家商标注册簿之摘录❸

1. 国家商标注册簿的摘录确认商标的注册、其优先权、商标所有人在国家商标注册簿中所指的商品（服务）上的专有权。

2. 摘录形式由授权机构确定。

第 18－1 条　驰名商标的认定❹

1. 在哈萨克斯坦境内注册的商标，或受国际条约保护的商标，或在哈萨克斯坦不受法律保护而作为商标使用的标识，通过积极使用在哈萨克斯坦获得显著的知名度，经授权机构决定，可被认定为驰名商标。

自然人或法人关于认定哈萨克斯坦驰名商标的申请，应提交给授权机构。

一份申请必须关于一个商标或标识，并包括：

---

❶ 根据哈萨克斯坦第 128－Ⅶ号法律（2022 年 6 月 20 日颁布，自颁布之日起 60 日后实施）予以修订。

❷ 根据哈萨克斯坦下列法律予以修订：第 237 号法律（2007 年 3 月 2 日颁布，自颁布之日起 10 日后实施）；第 300－Ⅴ号法律（2015 年 4 月 7 日颁布，自颁布之日起 10 日后实施）。

❸ 根据哈萨克斯坦第 300－Ⅴ号法律（2015 年 4 月 7 日颁布，自颁布之日起 10 日后实施）予以修订。

❹ 根据哈萨克斯坦第 586 号法律（2004 年 7 月 9 日颁布）予以增补。根据第 161－Ⅵ号法律（2018 年 6 月 20 日颁布，自颁布之日起 10 日后实施）予以修订。

1）申请人居住地或所在地的信息；

2）商标图形或申请认定为驰名商标的标识；

3）申请人认为该商标驰名的日期；

4）申请人认为该商标驰名的商品（服务）清单。

2. 申请应随附：

1）认定商标图形或标识驰名状态的信息；

2）商标图形或标识，格式为 8×8 cm，一式 5 份；

3）由代理人提交申请的，附代理委托书复印件；

4）确认缴纳认定驰名商标费用的文件；

哈萨克斯坦驰名商标的认定申请，应由授权机构的驰名商标认定委员会（以下简称"授权机构委员会"）进行评审。

自收到驰名商标认定申请之日起 5 个工作日内，应对申请及随附文件是否符合本条规定进行审核。

审核通过后，专家组织应在公报中公布申请信息。

自公告之日起 3 个月后，授权机构委员会在 2 个月内对申请及随附材料进行评审，认定该商标的驰名状态。

评审完成前，申请人有权对申请材料进行更正、补充和说明。

第三方有异议的，应向申请人发送相关通知，申请人的回复应在评审结束之前提交。

根据授权机构委员会的评审结果，作出认定或不予认定驰名商标的决定，并自决定作出之日起 10 个工作日内发送商标权人（著作权人）。

申请人提供的事实资料能确认该商标驰名的时间不是申请书中标明的日期的，可从实际日期起认定该商标为驰名商标。

已认定驰名商标的信息应由独立的专业组织在哈萨克斯坦境内进行的消费者调查结果予以确认。调查应覆盖联邦级城市、首都和至少 5 个州级城市。每个地点调查的总人数不得少于 100 人。

有下列情形之一的，应当作出不予认定驰名商标的决定：

1）认定驰名商标的信息不充分；

2）申请人请求认定驰名商标之前，在同类商品上存在受保护或声明属于他人的与申请人商标相同或混淆性近似的商标。

对授权机构委员会的决定可向法院提起诉讼。

3. 驰名商标享有本法规定的法律保护。

4. 有下列情形之一的，停止对驰名商标的法律保护：

1）注册有效期届满；

2）任何利害关系人可根据法院认定丧失驰名状态的生效判决申请，提前终止驰名商标的法律保护；

3）法院关于撤销授权机构委员会决定的判决生效。

5. 根据本条第 1 款规定将名称或商标认定为驰名的，应将相关信息录入国家商标注册簿。

被认定为驰名商标的，商标的有效期自向授权机构申请认定其为驰名商标之日起计算。

应商标所有人的请求，并提交确认驰名商标状态的资料后，驰名商标认定的有效期可续展 10 年。

驰名商标的注册信息，商标所有人和有关注册的后续变更信息，应录入国家商标注册簿并在公报中公布。

驰名商标的权利由国家商标注册簿中的记录予以证明，由国家商标注册簿的摘录予以确认。

终止驰名商标法律保护的信息应录入国家商标注册簿，在授权机构的网站上发布并在专家组织的公报中公布。

第 5 章　商标的使用

第 19 条　商标使用的情况[1]

1. 商标所有人有义务使用商标。

禁止将商标与其他商标一起使用，以经修改的形式（包括不同字体、颜色、其他形式）使用商标，或者以可能损害商标具有的将自然人或法人的产品（服务）区别于其他自然人或法人类似产品（服务）的功能的方式使用商标。

2. 经制造商同意，从事中介活动的企业有权在其销售的商品上使用自己

---

[1] 根据哈萨克斯坦下列法律予以修订：第 586 号法律（2004 年 7 月 9 日颁布）；第 237 号法律（2007 年 3 月 2 日颁布，自颁布之日起实施）；第 537-Ⅳ号法律（2012 年 1 月 12 日颁布，自颁布之日起 10 日后实施）；第 300-Ⅴ号法律（2015 年 4 月 7 日颁布，自颁布之日起 10 日后实施）；第 161-Ⅵ号法律（2018 年 6 月 20 日颁布，自颁布之日起 10 日后实施）；第 217-Ⅴ号法律（2019 年 1 月 21 日颁布，自颁布之日起 10 日后实施）；第 128-Ⅶ号法律（2022 年 6 月 20 日颁布，自颁布之日起 60 日后实施）。

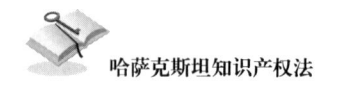

的商标和制造商的商标，或替换制造商的商标。

3. 集体商标所有人可在其所生产的商品上同时使用自己的商标和集体商标。

4. 商标自申请日起连续 3 年不使用的，任何利害关系人可对商标注册向法院提起诉讼。反对注册有效性的诉讼可涉及证书上标明的所有商品或其部件。

商标使用的证据是指商标所有人或根据本法第 21 条第 1 款和第 2 款基于商标转让合同而有权使用商标的人，在注册商标的商品上使用和/或其包装上使用。制造、进口、存储、许诺销售、销售带有商标标识的商品，在广告、招牌、印刷品、文头纸、其他商业文件上以及域名中使用商标，转让商标权或在哈萨克斯坦举行的展会上展示商品，以及其他进入流通的活动可被视为商标的使用。

商标权人提交的商标使用证据应在异议书中注明的时间段内。

在作出因商标未使用而终止注册的决定时，应当考虑商标所有人提交的证明在其无法控制的情况下而未使用商标的证据。

5. 被哈萨克斯坦第 537 - Ⅳ 号法律（2012 年 1 月 12 日颁布，自颁布之日起 10 日后实施）废除。

6. 被哈萨克斯坦第 161 - Ⅵ 号法律（2012 年 1 月 12 日颁布，自颁布之日起 10 日后实施）废除。

7. 被哈萨克斯坦第 161 - Ⅵ 号法律（2012 年 1 月 12 日颁布，自颁布之日起 10 日后实施）废除。

第 20 条　警示标识❶

商标证书所有人可在商标旁边标注拉丁字母"R"或文字标识"тауарбелгісі"*、"товарный знак"** 或 "зарегистрированный товарный знак"*** 的警示标识，表明所使用的标识是哈萨克斯坦的注册商标。

---

* 为俄语直译，指注册商标。——译者注
** 为俄语直译，指商标。——译者注
*** 为哈萨克语直译，指商标。——译者注
❶ 根据哈萨克斯坦第 161 - Ⅵ 号法律（2018 年 6 月 20 日颁布，自颁布之日起 10 日后实施）予以修订。

第 21 条　商标专有权和使用权的转让❶

1. 指定在所有或部分商品（服务）的注册商标专有权可以根据转让合同而转让。

商标专有权转让可能对有关商品或其制造商产生虚假陈述的，不得转让。

2. 依据许可合同、综合业务许可合同或其他合同（许可合同）的条款，非商标权人（被许可人）经商标权人（许可人）同意有权使用受保护的商标。

可就全部或部分商品（服务）许可商标使用权。

被许可人有权在哈萨克斯坦全境使用商标，但合同另有约定的除外。

商标使用权的有效期可根据合同条款或签订补充合同延长。

合同未约定商标使用的有效期的，有效期为自合同登记之日起 5 年。

许可合同必须包括下列条款：

1）维持商品（服务）的质量不低于商标所有人（著作权人）的商品（服务）的质量；

2）商标所有人（著作权人）有权对其商品（服务）质量实施控制；

向他人转让商标专有权并不导致终止合同。

3. 所有或部分商品（服务）的注册商标专有权和使用权可以质押。

4. 本条所指合同和补充合同应以书面形式订立，并应在国家商标注册簿登记。

5. 转让或许可商标权的合同应在收到合同当事人申请之日起 10 个工作日内办理登记。

6. 未签订书面合同和/或未按要求登记的，合同无效。

因合同终止或根据生效的法院判决注销商标注册的，应在收到合同当事人的申请之日起 1 个工作日内变更国家商标注册簿。

对不改变其隶属关系、性质或内容的技术性错误，可在收到合同一方申请之日起 1 个工作日内更正注册信息，但须书面通知合同另一方。

7. 转让商标权应按本法规定的方式在国家商标注册簿上登记。

---

❶ 根据哈萨克斯坦第 161 - Ⅵ号法律（2018 年 6 月 20 颁布，自颁布之日起 10 日后实施）予以修订。

8. 暂停商标权转让或许可商标使用权登记的情形有：

1）处于商标专有权效力终止的恢复期；

2）提交的文件不完整或提交的文件信息不一致；

3）提交文件中的信息与国家商标注册簿的信息或根据哈萨克斯坦批准的国际条约登记注册簿的信息不一致。

9. 发现存在本条第 8 款规定情形的，应向申请人发出消除该情形的要求。

自要求发出之日起，暂停登记 3 个月。

10. 对转让或许可商标权不予登记的情形有：

1）商标专有权效力终止的恢复期届满；

2）暂停登记情形的期限届满；

3）收到非合同当事人的登记申请；

4）缺乏对商标专有权处分权的登记；

5）转让商标权时存在对商品或其制造商的虚假陈述；

6）当事人存在妨碍许可商标权的行为。

商标专有权的终止导致许可合同的终止。

第 22 条　法人分立时的商标权转让❶

法人分立时，商标应转让给新成立的受让商品和服务业务的法人。

新成立的法人均保留注册商标的部分商品和服务业务时，经其同意，新的法人可被确认为商标共有人。

第 6 章　商标注册的终止

第 23 条　商标注册的异议和无效❷

1. 在有效期内违反本法第 6 条和第 7 条［除第 1 款 1）项、2）项和 3）项规定外］规定的，可对商标注册提出异议并使其全部或部分无效，违反第 7 条第 1 款 1）项、2）项和 3）项，自注册之日起 5 年内可对商标注册提出异议并使其全部或部分无效。任何利害关系人可根据本款规定向授权机构提出

---

❶ 根据哈萨克斯坦第 586 号法律（2004 年 7 月 9 日颁布）予以修订。

❷ 根据哈萨克斯坦第 161 - Ⅵ号法律（2018 年 6 月 20 颁布，自颁布之日起 10 日后实施）予以修订。

对商标注册的异议。

2. 未经《巴黎公约》成员国许可，商标权人的代理人注册与其相同或混淆性近似的商标，可在商标有效期内提出异议并使其全部或部分无效。《巴黎公约》任一成员国的注册商标权人（著作权人）有权根据本款向授权机构提出对商标注册的异议。

3. 注册商标在类似商品或服务上与他人的商号相同或混淆性近似，且该商号的专有权在哈萨克斯坦早于商标优先权日期的，可对商标注册提出异议并使其全部或部分无效。

如果公司名称与在类似的商品或服务上注册的商标相同或混淆性近似的法人，该法人可以根据本款规定向授权机构提出对商标注册的异议。

4. 对商标注册提出异议的，复审委员会在收到异议之日起 6 个月内进行复审。异议人及商标所有人（著作权人）有权参与异议的复审。

5. 专家组织在国家商标注册簿中录入因无效而注销注册商标的信息，在公报中公布并发布在网站上。

注册商标在特定商品或服务上部分无效的，专家组织应在国家商标注册簿上登记在该商品或服务上注销注册商标的信息，在公报中公布并发布在网站上。

第 24 条 注册商标的终止和无效[1]

1. 有下列情况的，注册商标终止：

1）本法第 15 条规定的有效期届满；

2）作为商标所有人（著作权人）的自然人死亡、法人清算；

3）基于商标所有人放弃商标的书面申请；

4）属于本法第 19 条第 4 款规定的未使用商标的情况；

5）被哈萨克斯坦第 537－Ⅳ号法律（2012 年 1 月 12 日法律颁布，自颁布之日起 10 日后实施）废除；

6）其与哈萨克斯坦的驰名商标相同或混淆性近似，使用该商标可能使消费者对商品或其制造商产生误认。

---

[1] 根据哈萨克斯坦下列法律予以修订：第 586 号法律（2004 年 7 月 9 日颁布）；第 537－Ⅳ号法律（2012 年 1 月 12 日颁布，自颁布之日起 10 日后实施）；第 300－Ⅴ号法律（2015 年 4 月 7 日颁布，自颁布之日起 10 日后实施）；第 161－Ⅵ号法律（2018 年 6 月 20 日颁布，自颁布之日起 10 日后实施）。

2. 复审委员会或法院根据本法第 23 条第 1 款的规定，决定注册商标全部或部分无效。

3. 专家组织在国家商标注册簿上登记注册商标因终止或无效而注销的信息。

第 7 章 原产地名称的法律保护和注册条件

第 25 条 地理标志和原产地名称的法律保护❶

1. 在哈萨克斯坦，依照本法规定的程序和哈萨克斯坦签订的国际条约对地理标志和原产地名称提供法律保护。

2. 地理标志专有使用权可授予若干人共同或相互独立地在特定地理范围内生产，且其商品质量、声誉或其他特征在很大程度上取决于其地理来源的若干人。

原产地名称专有使用权可授予一家或多家在该地生产商品的企业，该商品特性完全或主要与地理环境有关，包括自然环境和/或人文因素。

3. 地理标志名称在商品原产地国作为原产地名称受到保护的，可以将该外国的地理标志注册为原产地名称。该原产地名称的专有使用权人只能是其专有使用权在商品原产国受到保护的人。

第 26 条 作为地理标志和原产地名称注册的名称❷

1. 国家、地区、人口中心、区域或其他地理位置的当前或历史、正式或非正式、全称或简称、由该名称衍生的名称，以及其与商品的通用名称的组合，可以注册为原产地名称。

2. 被哈萨克斯坦第 128 – Ⅶ号法律（2022 年 6 月 20 日颁布，自颁布之日起 60 日后实施）废除。

---

❶ 根据哈萨克斯坦下列法律予以修订：第 537 – Ⅳ号法律（2012 年 1 月 12 日颁布，自颁布之日起 10 日后实施）；第 300 – Ⅴ号法律（2015 年 4 月 7 日颁布，自颁布之日起 10 日后实施）；第 128 – Ⅶ号法律（2022 年 6 月 20 日颁布，自颁布之日起 60 日后实施）。

❷ 标题根据哈萨克斯坦第 128 – Ⅶ号法律（2022 年 6 月 20 日颁布，自颁布之日起 60 日后实施）予以修订。正文根据哈萨克斯坦下列法律予以修订：第 537 – Ⅳ号法律（2012 年 1 月 12 日颁布，自颁布之日起 10 日后实施）；第 128 – Ⅶ号法律（2022 年 6 月 20 日颁布，自颁布之日起 60 日后实施）。

第 27 条　不予注册为地理标志和原产地名称的名称❶

1. 下列名称不能注册为地理标志和原产地名称：

1）可能对商品产地造成误导的地理名称；

2）形式上标明商品的真实产地，但给人以商品来源于另一地区的假象；

3）含有与商品产地不相关的地理名称；

4）之前已在同类商品上注册的地理标志和原产地名称；

5）与之前他人注册的名称相同或相似，使用此类地理标志和此类原产地名称会使消费者对有关商品及其制造商产生错误认识的。

2. 代表或含有地理名称，但在哈萨克斯坦作为某种类型的商品名称被普遍使用，与其生产地无关的名称，不应被认定为地理标志和原产地名称，也不应注册以获得法律保护。

第 28 条　地理标志和原产地名称注册和/或授予使用权的申请和撤回❷

1. 申请提交专家组织：

地理标志注册和/或授予地理标志使用权（以下简称"地理标志申请"）；

原产地名称注册和/或授予原产地名称使用权（以下简称"原产地名称申请"）。

2. 地理标志申请、原产地名称申请可在登记国家地理标志注册簿，即国家原产地名称注册簿的任何审议阶段之前撤回。

第 29 条　地理标志申请和原产地名称申请要求❸

1. 一份申请只应申请一件地理标志。

一份申请只应申请一个原产地（名称）。

2. 申请按标准格式提交并包括：

1）地理标志的注册和/或该地理标志的授权申请，应注明申请人及其所在地或居住地；

2）申请人申请的名称；

---

❶❷❸ 根据哈萨克斯坦第 128 - Ⅶ号法律（2022 年 6 月 20 日颁布，自颁布之日起 60 日后实施）予以修订。

3）申请地理标志注册的商品类别；

4）标明商品原产地/生产的说明（地理范围）；

5）有关商品特性与其原产地/生产地关系的信息；

6）对商品的质量、声誉和/或其他特征（包括用于其生产的原始材料、物理、化学、生物、微生物、感官或其他特征）的描述，且这些特征主要取决于其地理位置；

7）对商品生产方法的描述，如果对商品特征的形成和维持有重大影响的，还需提交有关其储存和运输条件的信息；

8）哈萨克斯坦法律有规定的，提交有权进行商品生产活动的凭证。

3. 申请为地理标志的地理对象位于哈萨克斯坦境内的，申请应随附当地行政机构的说明，即在该地理范围内的商品生产对其特质的形成有重大影响，且申请人至少进行了一个商品生产阶段。此外，申请应附有一份或多份文件，确认所要求保护的商品的某种质量、声誉和/或其他特征在很大程度上取决于其地理位置。

4. 原产地名称申请应以标准格式提交，并包含本条第 2 款规定的信息，以及对商品特质和其他特征（包括形成其特质的原材料、物理、化学、微生物、感官或其他特质）的描述，这些特征完全或主要由该地理位置的自然条件和/或人为因素决定。

5. 如果申请为原产地名称的地理位置位于哈萨克斯坦境内，则申请应随附当地行政机构对申请人在该地理位置生产申请商品的说明。此外，申请书应附有一份或多份文件，确认要求保护商品的特质是唯一的或主要由该地理位置的自然条件和/或人为因素决定。

6. 在哈萨克斯坦境内已注册的地理标志和商品原产地名称的授权申请，应随附当地行政机构对申请人在该地理范围内生产商品的说明，以及确认国家地理标志注册簿和国家原产地名称注册簿中规定的商品具有特征和特质的文件，该文件由申请商品所属行业的授权机构出具。

7. 地理标志申请、原产地名称申请应随附专家组织审查服务费付款的确认文件。在通过代理人申请的情况下，应附上委托书副本。

8. 地理标志申请、原产地名称申请及其所附文件应以哈萨克语或俄语提交。如果文件以另一种语言提交的，申请人必须在申请之日起 1 个月内提交哈萨克语或俄语的翻译。

第8章 原产地名称的审查

第30条 审查程序❶

1. 专家组织自地理标志、原产地名称申请日起3个月内对其是否符合本法第26条、第27条和第29条的规定进行审查。

2. 专家组织有权在审查期间要求提供补充材料,该材料须自发出要求之日起3个月内提交。

专家组织在截止日期前应申请人请求,这一期限最多可延长6个月。

申请人未能在规定时间内提交补充材料或请求延长规定期限的,审查程序终止,申请视为撤回。

第30-1条 地理标志和商品原产地名称申请信息的公布❷

1. 自申请提交之日起5个工作日后,其地理标志申请、商品原产地名称信息应每周在公报上公布1次。

地理标志和原产地名称申请含有外文材料时,应将其同时翻译成哈萨克语或俄语予以公布。

2. 已提交的地理标志和商品原产地名称申请的信息应包括:

1)申请名称;

2)申请人资料,包括申请人及其代表的地址;

3)商品种类;

4)商品生产地的说明(地理范围)。

第30-2条 对注册地理标志和商品原产地名称和/或授予其使用权的异议❸

(1)任何利害关系人在地理标志和商品原产地标记申请信息公布之日起1个月内,有权根据本法第26条和第27条的规定,向专家组织提交对该标志注册的异议。

---

❶ 根据哈萨克斯坦下列法律予以修订:第586号法律(2004年7月9日颁布);第161-Ⅵ号法律(2018年6月20日颁布,自颁布之日起10日后实施);第128-Ⅶ号法律(2022年6月20日颁布,自颁布之日起60日后实施)。

❷❸ 根据哈萨克斯坦第128-Ⅶ号法律(2022年6月20日颁布,自颁布之日起60日后实施)予以增补。

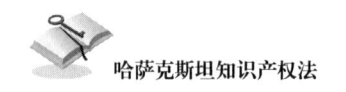

（2）专家组织应在收到异议之日起 5 个工作日内向申请人发出异议通知，并附上异议复印件。

3. 申请人有权在收到本条第 2 款规定的通知之日起 1 个月内对所提交的异议表态。

4. 专家组织应根据本条第 1 款和第 3 款提及的当事人的异议和申请人的立场予以考虑，发表适当的专家意见。

5. 本法第 13 条 4）项和 5）项的规定不适用于本条第 3 款规定的期限。

第 31 条　基于审查结果的决定❶

1. 基于审查结果作出下列相应决定：

1）注册地理标志和/或授予地理标志的使用权；

2）拒绝注册地理标志和/或授予使用地理标志的权利；

3）注册原产地名称和/或授予原产地名称使用权；

4）拒绝注册原产地名称和/或授予使用原产地名称的权利。

2. 将按照本条第 1 款规定作出的决定通知申请人。

有本条第 1 款 2）项、4）项规定情形的，还应将有关的专家意见送达申请人。

3. 申请人有权自拒绝注册通知发送之日起 3 个月内提出合理异议，专家组织在收到异议之日起 3 个月内根据其审查结果作出最终意见。

专家组织根据最终意见作出本条第 1 款规定的决定。

4. 申请人在向收到注册决定通知之日起 3 个月内，支付专家组织为注册地理标志和/或授予地理标志使用权、注册原产地名称和/或授予原产地名称使用权提供服务的费用。未提交所述服务缴费文件的，视为撤回地理标志、原产地名称申请，并终止有关文书工作。

5. 申请人对最终意见不服的，可以按照本法第 12 条第 5 款规定的程序提出异议。

第 32 条　申请人的权利❷

1. 在对地理标志、原产地名称申请进行专家审查时，申请人享有本法第

---

❶❷ 根据哈萨克斯坦第 128 - Ⅶ号法律（2022 年 6 月 20 日颁布，自颁布之日起 60 日后实施）予以修订。

13条第1款1）项、2）项、3）项、4）项、5）项和7）项规定的权利。

2. 对申请作出决定之前，只要符合本法的要求，申请人有权将地理标志申请转为原产地名称申请，反之亦然。

第9章 地理标志和原产地名称使用权的注册和授予

第33条 国家地理标志注册簿和国家原产地名称注册簿的登记程序❶

1. 下列内容由专家组织登记国家地理标志登记簿和国家原产地名称注册簿：

1）地理标志或原产地名称；

2）注册编号和日期；

3）对产品特殊性能、质量、声誉和其他特征的描述；

4）关于地理标志和原产地名称使用权人的信息，并注明其居住地（所在地）；

5）申请的数量和日期；

6）对指定信息的所有后续更改，以及与注册相关的其他信息。

2. 地理标志和原产地名称使用权人有义务通知专家组织有关登记信息的变更。专家组织应分别在国家地理标志注册簿和在国家原产地名称注册簿和证书上登记变更信息。

3. 国家地理标志注册簿和国家原产地名称注册簿对外公开。应利害关系人的请求，专家组织应向其提供国家地理标志注册簿和国家原产地名称注册簿的摘录。

第34条 地理标志和原产地名称注册有效期、地理标志和原产地名称使用权❷

1. 注册：

地理标志的有效期没有期限限制，前提是与其地理来源明显相关的商品的某种质量、声誉或其他特征得以维持；

原产地名称的有效期没有期限限制，前提是在特定地理范围内生产商品的特殊属性得以维持。

---

❶❷ 根据哈萨克斯坦第128－Ⅶ号法律（2022年6月20日颁布，自颁布之日起60日后实施）予以修订。

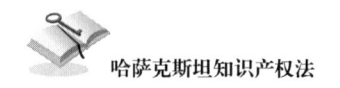

2. 地理标志和原产地名称的使用权自向专家组织提出申请之日起10年内有效。

3. 在有效期最后1年，应所有人请求，可将原产地名称使用权的有效期每次延长10年，前提是维持据以注册的原产地名称的商品特征：

与其地理位置明显相关的商品的某种质量、声誉或其他特征；

注册为原产地名称商品的特殊品质。

4. 延长地理标志或原产地名称使用权有效期的申请，应当与本法第29条第6款规定提交的文件一并提出。有关延长注册有效期的信息应登记国家地理标志注册簿和国家原产地名称注册簿。

5. 本条第3款规定的请求期限，可应所有人在注册期限届满6个月内的申请后恢复。

第35条 注册信息的公布[1]

专家组织每周在其网站上公布录入国家地理标志注册簿和国家原产地名称注册簿中的地理标志和原产地名称的信息。

第36条 地理标志和原产地名称使用权[2]

1. 地理标志和原产地名称的使用权由证书确认，并由国家地理标志注册簿和国家原产地名称注册簿的摘录确认。

证书的形式由授权机构制定。

2. 国家地理标志注册簿和国家原产地名称注册簿的摘录确认地理标志和原产地名称的注册事实，以及地理标志和原产地名称注册簿中商品上的专有使用权。

摘录的形式由授权机构制定。

---

[1][2] 根据哈萨克斯坦第128-Ⅶ号法律（2022年6月20日颁布，自颁布之日起60日后实施）予以修订。

第10章 地理标志和原产地名称的使用❶

第37条 地理标志和原产地名称的使用条件❷

1. 地理标志和原产地名称的使用权人享有使用权。地理标志和原产地名称使用权由其所有人自商标在国家地理标志注册簿和国家原产地名称注册簿登记之日起享有。

2. 与已注册的同类商品上地理标志和原产地名称相同或近似的地理名称，未经登记不得使用。

3. 地理标志和原产地名称包含了识别矿泉水、葡萄酒或烈酒的地理名称，但其标识的商品并非源自该产地的，以及通过"同类""同等""类似"或其他表述注明真实产地或名称的，不得使用该地理标志和原产地名称。

4. 地理标志和原产地名称使用权不得让与、转让，不得依许可合同获得地理标志和原产地名称使用权。

第38条 警示标识❸

地理标志和原产地名称使用权人可以在地理标志和原产地名称旁标注警示标识，如拉丁字母"R"，或文字标识"tіркелген географиялық нұсқама""тіркелген тауар шығарылған жердің атауы""зарегистрированное географическое указание""зарегистрированное наименование места происхождения товара""тірк. ГН""тірк. ТШЖА""рег. ГУ""рег. НМПТ"。

---

❶❸ 标题根据哈萨克斯坦第128-Ⅶ号法律（2022年6月20日颁布，自颁布之日起60日后实施）予以修订。

❷ 标题根据哈萨克斯坦第128-Ⅶ号法律（2022年6月20日颁布，自颁布之日起60日后实施）予以修订。正文根据哈萨克斯坦下列法律予以修订：第537-Ⅳ号法律（2012年1月12日颁布，自颁布之日起10日后实施）；第161-Ⅵ号法律（2018年6月20日颁布，自颁布之日起10日后实施）。根据哈萨克斯坦第128-Ⅶ号法律（2022年6月20日颁布，自颁布之日起60日后实施）。

第 11 章　地理标志和原产地名称法律保护的终止

第 39 条　对地理标志和原产地名称注册和/或授予使用权的异议❶

1. 地理标志和原产地名称的注册和/或授予使用权违反本法第 26 条、第 27 条和第 29 条要求的，可提出异议并使其无效。

2. 因存在优先权的商标而且该商标因在哈萨克斯坦积极使用而获得广泛认可，地理标志和原产地名称的使用可能使消费者对商品或其制造商产生误认的话，可在官方公报公布登记信息之日起 5 年内，对地理标志和原产地名称的注册和/或其使用权的授予提出异议并使其无效。

3. 任何利害关系人都可根据本条第 1 款和第 2 款的规定，向授权机构对地理标志和原产地名称的注册和使用权的授予提出异议。

根据本法第 23 条第 2 款规定的程序和条件对异议进行审查。

第 40 条　注册地理标志和原产地名称的终止和无效❷

1. 有下列情况的，终止注册地理标志和原产地名称的使用权：

1）相关地理位置的典型环境消失，或无法生产出国家地理标志注册簿和国家原产地名称注册簿中所述特征的商品。

2）原产地国对地理标志和原产地名称终止法律保护。

2. 有下列情况的，终止地理标志和原产地名称使用权：

1）本法第 34 条规定的有效期届满；

2）国家地理标志注册簿和国家原产地名称注册簿中列出的该商品的特殊品质、质量、声誉和其他特征消失；

3）基于地理标志和原产地名称使用权人向授权机构的申请；

4）作为地理标志和原产地名称使用权人的法人进行清算或自然人终止经营活动；

---

❶ 标题根据哈萨克斯坦第 128 - Ⅶ号法律（2022 年 6 月 20 日颁布，自颁布之日起 60 日后实施）予以修订。正文根据哈萨克斯坦下列法律予以修订：第 537 - Ⅳ号法律（2012 年 1 月 12 日颁布，自颁布之日起 10 日后实施）；第 128 - Ⅶ号法律（2022 年 6 月 20 日颁布，自颁布之日起 60 日后实施）。

❷ 根据哈萨克斯坦下列法律予以修订：第 586 号法律（2004 年 7 月 9 日颁布）；第 161 - Ⅵ号法律（2018 年 6 月 20 日颁布，自颁布之日起 10 日后实施）；第 128 - Ⅶ号法律（2022 年 6 月 20 日颁布，自颁布之日起 60 日后实施）。

5）权利人丧失了开展注册簿中规定的与其有关的具有特殊品质、质量、声誉和其他特征的商品生产活动的权利；

6）以本条第1款规定的理由终止对地理标志和原产地名称的法律保护。

3. 复审委员会或法院根据本法第39条第1款的规定作出地理标志和原产地名称的注册和/或使用权授予无效的决定。

4. 专家组织将终止注册地理标志和原产地名称和/或其使用权登记国家地理标志注册簿和国家原产地名称注册簿，将相关信息在公报中公布并在其网站上发布。

第12章 商标权以及地理标志和原产地名称使用权的保护❶

第41条 复审委员会❷

1. 复审委员会是授权机构下的合议机构，负责对申请人的异议进行诉前审查。

2. 向复审委员会提出异议的事项有：

1）专家组织作出对商标不予注册的决定，包括根据《马德里议定书》第5条第1款、第2款宣布拒绝提供商标法律保护；

2）专家组织作出对地理标志和原产地名称不予注册和/或不授予使用权的决定；

3）反对商标注册，包括根据《马德里协定》第5条第6款的注册；

4）反对地理标志和原产地名称的注册和授权使用。

上述异议的诉前审查是强制性的。

3. 复审委员会应由奇数（至少为五人）成员组成，包括企业主管机关的代表和在商标、地理标志和原产地名称保护领域以及前述机关公共委员会的代表。

4. 复审委员会不得包括：

1）专利律师；

2）配偶、近亲属或姻亲；

---

❶ 标题根据哈萨克斯坦第128-Ⅶ号法律（2022年6月20日颁布，自颁布之日起60日后实施）予以修订。

❷ 标题根据哈萨克斯坦第128-Ⅶ号法律（2022年6月20日颁布，自颁布之日起60日后实施）予以修订。正文根据哈萨克斯坦下列法律予以修订：第161-Ⅵ号法律（2018年6月20颁布，自颁布之日起10日后实施）；第128-Ⅶ号法律（2022年6月20日颁布，自颁布之日起60日后实施）。

3）专家组织的雇员。

5. 有下列情况的，可以更换复审委员会的成员：

1）复审委员会参加会议的成员根据本条第4款的规定回避或申请回避；

2）因暂时性的残疾、休假或出差而缺席。

6. 按授权机构决定的方式对复审委员会的每次会议进行录像。

第41-1条 复审委员会对异议不予受理的情形❶

1. 有下列情况的，异议不予受理：

1）异议不属于复审委员会的审议范围；

2）异议未签名或是由未经授权的人签名；

3）异议申请超出了规定期限，且已丧失延长或恢复期限的可能性；

4）申请人未在规定时间内消除有关提交异议的形式、内容或程序的缺陷。

在上述情况下，应通知异议人，不受理异议且异议视为未提交。

异议人或其代理人可在复审委员会作出决定前撤回异议。

第41-2条 异议的审查❷

1. 复审委员会根据授权机构规定的方式，在本法规定的期限内对异议进行审查。

2. 错过异议最后期限的，如果复审委员会根据提交文件认定错过最后期限的理由是正当的，可以对异议进行审查。

3. 经申请人书面请求，异议的审查期限可延长至3个月。

4. 有下列情况的，复审委员会有权推迟会议日期：

1）申请人未出庭，但申请在其不参与的情况下审议异议的情况除外；

2）申请人提交需要时间补充证据的申请；

3）需要进一步研究当事人的观点和/或异议的有关情况。

5. 复审委员会应作出下列决定：

---

❶ 根据哈萨克斯坦第537-Ⅳ号法律（2012年1月12日颁布，自颁布之日起10日后实施）予以增补。

❷ 标题根据哈萨克斯坦第537-Ⅳ号法律（2012年1月12日颁布，自颁布之日起10日后实施）予以增补。正文根据哈萨克斯坦下列法律予以修订：第161-Ⅵ号法律（2018年6月20日颁布，自颁布之日起10日后实施）；128-Ⅶ号法律（2022年6月20日颁布，自颁布之日起60日后实施）。

1）异议成立；

2）异议部分成立；

3）拒绝审查异议；

4）异议不成立。

复审委员会无权自行变更异议的事项或依据。

6. 所有复审委员会成员在审查异议时享有平等的权利。复审委员会的决定由所有成员表决的多数票通过。

7. 决定在作出后 10 个工作日内发送给异议申请人。

8. 应异议申请人的请求，复审委员会可不对异议进行审查。不审查异议的决定应录入复审委员会会议记录。

9. 对作出的决定可向法院提出诉讼。

第 41-3 条　对复审委员会决定的文书错误和明显技术性错误的更正❶

1. 异议审查决定公布后，复审委员会无权取消或更改。

2. 复审委员会可主动或应参与审查异议人员的请求，更正决定中的文书错误或明显技术性错误。

由复审委员会会议更正相关事宜。复审委员会会议的时间和地点应通知参与审查异议的人员，但其缺席不构成审议更正错误的障碍。

3. 对复审委员会决定的更正，由复审委员会作出补充决定。

第 41-4 条　不予审查异议❷

1. 有下列情况的，复审委员会对异议不予审查：

1）异议申请人按时收到复审委员会通知的会议时间和地点，未声明在其缺席情况下可审查异议，且在复审委员会第二次通知后仍未出席会议。

2）异议申请人请求撤回异议。

2. 决定对异议不予审查的，录入复审委员会的会议记录。

---

❶❷ 根据哈萨克斯坦第 161-Ⅵ号法律（2018 年 6 月 20 日颁布，自颁布之日起 10 日后实施）予以增补。

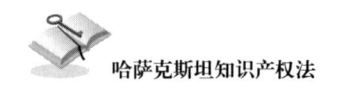

第 42 条　纠纷的审理❶

1. 下列纠纷由法院审理：

1）关于颁发商标或地理标志和原产地名称证书的合法性；

2）因注册商标不使用而反对商标注册的有效性；

3）商标所有人（著作权人）和地理标志、原产地名称使用权人的权利受到侵犯；

4）关于商标使用许可合同的缔结和签署；

5）关于驰名商标认定的合法性；

6）因与在哈萨克斯坦认定为驰名商标的商标相同或混淆性近似，使用该商标可能使消费者对商品或其制造商产生误认的情况下，终止商标注册；

7）其他因证书引发的权利保护纠纷。

除本款1）项、4）项、5）项和6）项明确规定之外，不违反哈萨克斯坦有关"仲裁"和"调解"的法律，纠纷可由合同双方仲裁或调解解决。

对本法第41条第2款所述专家组织决定的诉讼申请应在复审委员会审议异议后提交法院。

2. 专家组织基于法院的生效判决对国家商标注册簿、国家地理标志注册簿和国家原产地名称注册簿进行相应变更，包括终止商标、驰名商标或原产地名称注册的有效性，注销商标使用权或变更商标所有人（著作权人），并公布变更信息。

第 43 条　违反有关商标、服务商标、地理标志和原产地名称的法律责任❷

1. 侵犯商标专有权或地理标志和原产地名称使用权，是指未经商标所有人（著作权人）许可或未经地理标志或原产地名称使用权人许可，在类似商品或服务上，就驰名商标而言，在所有商品和服务上，将与之混淆性近似的商标或标识投入流通领域。

---

❶ 根据哈萨克斯坦下列法律予以修订：第161-Ⅵ号法律（2018年6月20日颁布，自颁布之日起10日后实施）；第217-Ⅵ号法律（2019年1月12日颁布，自颁布之日起10日后实施）；第128-Ⅶ号法律（2022年6月20日颁布，自颁布之日起60日后实施）。

❷ 标题根据哈萨克斯坦第128-Ⅶ号法律（2022年6月20日颁布，自颁布之日起60日后实施）予以修订。正文根据哈萨克斯坦下列法律予以修订：第161-Ⅵ号法律（2018年6月20日颁布，自颁布之日起10日后实施）；第128-Ⅶ号法律（2022年6月20日颁布，自颁布之日起60日后实施）。

在媒体中使用商标或地理标志、原产地名称的也被视为侵犯商标所有人（著作权人）或地理标志和原产地名称使用权人的专有权。

2. 对侵犯商标专有权或地理标志、原产地名称使用权的行为，包括将其或与其混淆性近似的标识标注于商品或商品的包装上，行为人根据哈萨克斯坦法律承担责任。

第43-1条　商标专有权的用尽[1]

在任一欧亚经济联盟成员国，经商标所有人（著作权人）直接或经其同意后由他人合法投入流通领域的商品上使用该商标，不构成对商标专有权的侵犯。

第44条　商标所有人（著作权人）或地理标志和原产地名称使用权人的权利保护措施[2]

1. 任何人侵犯了商标所有人（著作权人）或地理标志和原产地名称使用权人的权利，应立即停止侵权并赔偿损失。

2. 因确认使用商标、地理标志和原产地名称或混淆性近似标识，或驰名商标合法性而产生的纠纷，由法院根据哈萨克斯坦民事诉讼法规定的方式审理。

3. 未经商标所有人同意，将商标、地理标志和原产地名称或与之混淆性近似的标识标注于商品及其包装上的，视为假冒商品。假冒商品及其包装，以及制造该商品的工具、设备或其他设施和材料，根据法院的生效判决从流通环节收回并销毁，费用由侵权人承担，但商品流通是为了公共利益且不违反哈萨克斯坦保护消费者权利的法律规定的除外。

4. 在本条第3款所述情况下，所有人有权要求去除假冒商品及其包装上非法贴附的商标、地理标志和原产地名称或与此混淆性相似的标识。

5. 在生产或服务时侵犯商标所有人（著作权人）或地理标志和原产地名称使用权人权利的人，有义务去除用于生产或服务的材料中的商标或地理标

---

[1] 根据哈萨克斯坦第161-Ⅵ号法律（2018年6月20日颁布，自颁布之日起10日后实施）予以增补。

[2] 标题根据哈萨克斯坦第128-Ⅶ号法律（2022年6月20日颁布，自颁布之日起60日后实施）予以修订。正文根据哈萨克斯坦下列法律予以修订：第161-Ⅵ号法律（2018年6月20日颁布，自颁布之日起10日后实施）；第128-Ⅶ号法律（2022年6月20日颁布，自颁布之日起60日后实施）。

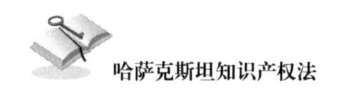

志和原产地名称或与之混淆性近似的标识，包括文件、广告、招牌。

6. 所有人在证明违法的事实后，有权要求法院基于侵权的性质，确定如果获得所有人许可而贴附商标、地理标志和原产地名称或混淆性近似标识的同类商品（原商品）的市场价值而非实际损失判决赔偿的金额。

第13章　最后条款

第45条　专家组织服务费用的缴纳❶

专家组织在保护商标、地理标志和原产地名称方面的服务根据本法第3-1条的规定收取费用。

第46条　专利律师❷

1. 在哈萨克斯坦境内长期居住，受过高等教育，通过认证并在专利律师注册簿上登记的具有民事行为能力的公民，有权成为专利律师。

对专利律师候选人的认证采取考试形式，测试其在哈萨克斯坦法律和哈萨克斯坦批准的知识产权领域的国际条约方面的知识。

授权机构设立的认证委员会由授权机构的奇数名员工组成。

专利律师候选人的认证、在专利律师注册簿上的登记及其后的修订由授权机构决定。

专利律师注册簿应发布在授权机构的网站上。

2. 下列人员不得通过专利律师的认证：

1）根据哈萨克斯坦法律规定禁止从事商业活动的人；

2）授权机构及其下级组织的雇员以及他们的近亲属、配偶；

3）根据法定程序存在未服刑或者未被撤销的犯罪行为；

4）根据本法规定被排除在专利律师登记簿外的人。

3. 在知识产权保护和执法领域具有至少4年工作经验或在专利律师协会完成至少1年实习的人，可获准进行认证。

4. 有下列情况的，认证委员会可通过决定暂停专利律师的执业：

---

❶ 根据哈萨克斯坦下列法律予以修订：第161-Ⅵ号法律（2018年6月20日颁布，自颁布之日起10日后实施）；第128-Ⅶ号法律（2022年6月20日颁布，自颁布之日起60日后实施）。

❷ 根据哈萨克斯坦第128-Ⅶ号法律（2022年6月20日颁布，自颁布之日起60日后实施）予以修订。

1）根据专利律师向认证委员会提交的申请；

2）被哈萨克斯坦法律禁止执业期间，包括属于授权机构及其下级组织的雇员期间；

3）属于本法第46-2条第1款规定的情况。

在本款3）项规定的情况下，专利律师应暂停执业，直至认证委员会在3个月内作出相关决定。

导致专利律师暂停执业原因消除的，由认证委员会通过决定恢复其执业。

5. 专利律师作为申请人的代理人，就知识产权法律保护与授权机构和专家组织一起办理相关事宜。申请人和/或商标所有人亦可自行与授权机构和专家组织办理相关事宜。

居住在哈萨克斯坦国外的自然人或外国法人，通过其专利律师在授权机构及其组织中行使其作为申请人，商品商标、服务商标、地理标志和原产地名称所有人以及利害关系人的权利。

住所地在哈萨克斯坦国内但暂居在国外的自然人，指定哈萨克斯坦国内通信地址的，无须通过专利律师即可行使申请人，商品商标、服务商标、地理标志和原产地名称所有人以及利害关系人的权利。

按照哈萨克斯坦关于保护国家秘密和商业秘密的立法规定，专利律师从授权人的转让行为而获取的信息应认定为秘密。

第46-1条 专利律师的权利和义务[❶]

1. 专利律师有权：

1）在知识产权的保护、取得或转让方面提供咨询；

2）代表客户、授权人、雇主完成或在指示提交商品商标、服务商标、地理标志和原产地名称的注册申请；

3）授权机构和/或专家组织就保护商品商标、服务商标、地理标志和原产地名称权利事宜进行沟通，包括来往函件、准备和对审查决定提出异议，参与专家组织的专家委员会会议；

4）帮助草拟、审议许可（分许可）合同和/或转让合同，以及随后在专家组织中进行权利转让和授予的登记；

[❶] 根据哈萨克斯坦第537-Ⅳ号法律（2012年1月12日颁布，自颁布之日起10日后实施）予以增补。根据第128-Ⅶ号法律（2022年6月20日颁布，自颁布之日起60日后实施）予以修订。

5）成为专利律师协会的成员；

6）从事哈萨克斯坦法律未禁止的与知识产权保护和执法有关的其他活动。

2. 专利律师的权限以委托书为准。

在处理与向复审委员会提出异议有关的案件时，专利律师有义务向授权机构提交委托书原件。

3. 委托书以外文书写的，必须提交经公证的哈萨克语或俄语委托书的翻译，翻译为何种语言取决于提出异议的语言。

4. 专利律师曾经代理过或提供过咨询之人的利益与请求审理案件之人的利益相抵触，或以其他方式参与过审议，或参与审议之人是专利律师的配偶、近亲属的，专利律师不得接受委托。

第46-2条 专利律师证书的无效和专利律师注册簿信息的注销❶

1. 下列情况下，根据认证委员会的决定，将专利律师从专利律师注册簿中除名：

1）向认证委员会提交个人申请；

2）丧失哈萨克斯坦公民身份或迁居并永久居住在哈萨克斯坦境外；

3）专利律师中断执业超过5年；

4）因专利律师犯罪而作出的有罪判决生效的；

5）专利律师死亡或被宣告失踪或死亡；

6）专利律师被认定为无行为能力人或限制行为能力人；

7）基于对个人和/或法人投诉的审议结果，以及专利律师协会的意见。

2. 根据认证委员会的决定或法院的生效判决，由授权机构决定专利律师证书无效，并注销专利律师注册簿的相关信息。

3. 专利律师从专利律师注册簿除名的，自登记相关信息之日起专利律师丧失执业资格，其专利律师证书应予以撤销或注销。

4. 自然人或法人对专利律师行为进行投诉的，授权机构应从授权机构成员中选出奇数成员组成上诉委员会。上诉委员会在审议投诉期间，应暂停专利律师证书的效力，并在专利律师登记簿中注明。

---

❶ 根据哈萨克斯坦第537-Ⅳ号法律（2012年1月12日颁布，自颁布之日起10日后实施）予以增补。根据第128-Ⅶ号法律（2022年6月20日颁布，自颁布之日起60日后实施）予以修订。

基于对自然人和/或法人的投诉的审议结果或专利律师协会意见的处理结果，作出下列决定之一：

1）专利证书无效，有关信息登记专利律师登记簿；

2）驳回自然人和/或法人的投诉或专利律师协会的意见。

上诉委员会通过投票以简单多数作出决定并记录在案。可针对上诉委员会的决定向法院提起诉讼。

第47条 国际注册❶

自然人和法人有权通过专家组织提交商标和原产地名称的国际注册申请。

国际注册申请的审查程序由授权机构根据哈萨克斯坦批准的国际条约确定。

第48条 外国自然人、外国法人和无国籍人的权利

外国自然人、外国法人、无国籍人具有本法规定的与哈萨克斯坦自然人、法人相同的权利和义务，哈萨克斯坦法律另有规定的除外。

---

❶ 根据哈萨克斯坦第161－Ⅵ号法律（2018年6月20日颁布，自颁布之日起10日后实施）予以修订。